내가
너를
치유하리라

내가 너를 치유하리라

초판 발행	2019년 4월 30일
지은이	연요한
발행인	한뿌리
펴낸곳	有하
등록	2014년 4월 24일 제 2016-000004호
주소	서울 강서구 방화대로 44길 49
전화	02-2663-5258
팩스	02-2064-0777

값 13,000원

ISBN 979-11-85927-24-4

*이 책의 저작권은 저자에게 있습니다.

내가
너를
치유하리라

연요한 지음

有
하

추천사

이번에 존경하는 동역자 연요한 목사님이 『내가 너를 치유하리라』는 책을 저술하게 되어 기쁘게 생각합니다. 목사님은 지난 10년 동안 저와 가까이 지내며 우리가 어떻게 하면 하나님 앞에서 거룩해질 수 있는지 고민하며 기도했습니다. 그러면서 우리의 죄와 민족의 죄를 회개하는 데 함께 힘을 쏟았습니다. 감사하게도 성령께서는 목사님께 큰 은혜를 내려주셔서 성도들을 온전하게 하고 어둠의 세력과 싸워나가는 영적 군사로 목사님을 세워주셨습니다. 그리고 많은 사역의 열매를 맺게 하셨습니다. 이 은혜는 마지막 시대를 살아가는 하나님의 사람에게 임하는 커다란 은총임을 믿습니다. 목사님이 지금까지 주님의 나라를 위해 헌신하며 사역했던 내용의 일부를 사역 보고서 형식을 빌려 이렇게 책으로 펴내게 되었습니다. 이 책이 한국 교회에 큰 유익이 될 것으로 믿어 의심치 않아 이 책을 추천합니다.

―한양훈 목사(우리교회 담임, 실로암 사역 센터 회장)

연요한 목사님의 저서 『내가 너를 치유하리라』의 출판을 진심으로 축하드립니다.

이 책은 목회자 자신이 회복되면 어떤 열매를 맺게 되는지를 이야기하면서 그 결과로 일어난 수많은 치유 사건을 선별하여 소개하고 있습니다. 회개가 얼마나 소중한지 그리고 깊은 회개가 얼마나 중요한 것인지를 제시하면서 그것을 실현하는 단계를 잘 소개하고 있습니다. 회개를 통해 질병과 마음이 치유되고 환경까지도 치유되는 사례를 설명합니다. 그리고 축귀 사역에서도 회개를 통해 해결되는 구체적인 사례를 보여줍니다. 회개가 영적 성장에도 얼마나 중요한 것인지를 제시하면서 오늘날 한국 교회의 당면한 문제가 회개를 통해 해결될 수 있음을 제시하고 있습니다.

이 사역은 주님의 사역을 재현하고 계승하는 것으로서 주님의 교회가 어떠해야 하는지를 보여줍니다.

따라서 목회자들과 신학도들 그리고 신자들이 이 책을 읽기를 권합니다. 이 책은 특별히 신자들이 안고 있는 고민과 어려움에 해결책을 제시하여 줄 것이라 믿습니다.

초대교회 주님의 제자가 행한 사역을 계승하여 재현하고 있는 연요한 목사님의 사역을 진심으로 축하드리면서 앞으로 지난 10년의 사역보다 더 소중한 열매를 주께 드리기를 기대합니다.

─조갑진 교수(전 서울신대 부총장, 죠지뮬러 바이블 아카데미 원장)

| 차 례 |

들어가는 글 · 9
사역 방법 · 13

제1부 치유와 회개

1장 질병 치유

1. 치유의 문으로 들어가는 열쇠 · 19
2. 고통에서 천국으로 · 27
3. 말씀을 전하다가 쓰러지다 · 38
4. 다섯 걸음도 걷기 힘들어요 · 48
5. 종합 병원 · 60

2장 심령 치유

1. 스트레스의 영 · 71
2. 두려움의 영 · 79
3. 상처를 치유받다 · 87
4. 태아기 치유 · 98

3장 환경 치유

1. 가정의 회복 · 107
2. 목회는 하나님이 하신다 · 117
3. 중도포기 · 122
4. 죽음의 칼날에서 건지신 주님 · 128

제2부 축사와 회개

1장 치열한 전쟁

1. 주님의 도구, 마귀의 도구 · 139
2. 귀신 들린 청년 · 145
3. 주먹 목사님 · 152
4. 무당이 찾아오다 · 158

2장 축사

1. 잠자고 있던 악한 영 · 167
2. 사역자도 공격받을 수 있다 · 173
3. 심장에서 기차소리가 들리다 · 181
4. 요동치던 몸이 잠잠해지다 · 189

제3부 영적 성장과 회개

1. 바다 한가운데에서 · 205
2. 회개의 옷을 입다 · 215
3. 영적 문둥병 · 222
4. 천국을 소망하다 · 232

나가는 글 · 241
참고문헌 · 244

그리스도인이 품어야 할 진정한 목표는 하나님을 닮아가 그분과 합일을 이루는 것이라고 감히 말할 수 있다. 예수님은 십자가에서 죽으시고 부활하셔서 구원의 능력을 베풀어주셨고, 공생애 3년 동안 말씀과 사역을 통해 그리스도인이 어떻게 행해야 하는지 그 정답지를 보여주셨다.

성자이신 예수님은 성부이신 하나님의 뜻을 따라 성령님의 능력으로 모든 사역을 감당하셨다. 주님은 약한 자를 위로하시고 도우셨으며, 병든 자를 고치시고 귀신들을 쫓아내셨다. 또한 사람들이 진정으로 천국에 이르도록 회개의 복음을 전파하셨다. 주님은 빛으로 이 세상 구석구석까지 비추시어 낮은 자로부터 높은 자에 이르기까지 모든 자에게 소망이 되셨고 몸소 진리를 보여주셨다.

교회사에는 이러한 예수 그리스도의 모습을 본받고자 하는 사람들이 끊임없이 일어났다. 베드로, 사도 바울, 루터, 칼뱅, 웨슬리, 무디 등 많은 사역자가 하나님께 쓰임을 받았는데 그들은 기도와 말씀에 항상 힘쓰면서 이 땅에서 주님의 영광을 찬란하게 드러냈다. 이 영광의 물줄기는 한국 교회에도 부어져 주기철, 박형룡, 박윤선 등을 비롯해 많은 목회자와 사역자가 배출되었다. 이 거룩한 무리가 행한 사역과 기도는 훗날 한국 교회를 세우는 근간이 되었다.

그러나 한국 교회는 과거의 전성기가 지나고 점점 메마른 시기를 맞이하고 있음을 느낀다. 오히려 암울했고 경제적으로 어려웠던 일제 강점기에는 그래도 주의 종들이 일어나 회개의 복음을 외쳤고 거룩한 무리를 이루어 성령 충만한 삶을 살기에 힘썼다. 그러나 풍족한 삶을 살아가는 요즘 시대에는 회개하고 거룩한 삶을 살기를 추구하기보다 편한 삶을 위해 종교 생활을 하는 듯 보인다.

그럼에도 불구하고 나는 한국교회 곳곳에 회개와 부흥의 불씨가 타오르고 있는 것을 보았다. 이러한 불씨들이 영적으로 메말라 있는 한국교회에 다시 놀라운 부흥을 불러일으키기를 기대한다. 그리스도를 본받는 목표를 위해 회개에서 시작하여 풍성한 주의 영광을 회복하기를 소망한다.

나의 할머니는 무당이었다. 우리 가문은 영적으로 보면 최악이라고 할 수 있다. 나는 고등학교 때 친구의 권유로 처음 교회에 발을 내디뎠다. 그러나 믿음은 없었다. 세속적인 생활이 결혼한 후에도 지속되었다. 그러다 서른한 살 때 아내의 권유로 교회 수련회에 참석하였는데 그때 하나님을 만나게 되었다. 갑자기 환상이 열리더니 어릴 때부터 지은 죄가 마치 대형 스크린에 상영되는 영화처럼 내 눈앞으로 지나갔다. 나는 평생 처음으로 뼈가 떨리는 회개를 했다. 회개에 대해 배운 적도 들은 적도 없었지만 회개할 수밖에 없었다. 나는 그 자리에서 주님께 목회자가 되기로 약속을 드렸다. 그날부터 모든 예배에 참석하며 뜨겁게 복음을 증거하고 다녔다. 조금 늦은 나이에 총신대학교 신학대학원에 합격하여 본격적으로 목회자의 길을 걷게 되었고 수많은 영적 체험을 했다. 천국도 보고 지옥도 보았다. 눈을 감고 사람들의 영적 상태를 보면 면류관과 악한 영의 상태가 지식적으로 보였다.

그런데도 목회에 대한 고민은 풀리지 않았고, 내 속에서 보이고 느껴지는 악한 영에 대한 고민은 날이 갈수록 더욱 깊어졌다. 그러던 중 하나님의 은혜로 더 깊은 회개를 할 수 있었고, 오래도록 해온 고민과 문제들이 서서히 풀리기 시작했다. 나는 이 싸움에서 승리했고 영안도 더 깊이 열렸다. 지금은 영적 사역을 하는 목회자로 섬기고 있다.

이 책은 내가 지금까지 해왔고, 또 지금도 하고 있는 사역의 보고서와 같은 책이다. 사역을 하며 체험하고 누렸던 은혜를 동역자들을 비롯해 성도들과 나누고 싶어 이 책을 펴내게 되었다. 우리 주변에 훌륭한 주석서와 강해서와 논문이 많지만 나는 지금 이 시대에도 주님의 역사가 많이 나타나고 있음을 전하고 싶어 이 책을 기록했다. 많은 독자에게 조금이나마 도움이 되기를 진심으로 바란다.

끝으로 이 책이 나오기까지 기도와 수고를 아끼지 않은 연지애 간사에게 진심으로 감사드리고, 또 나를 위해 늘 기도하고 함께해주는 나의 동역자요 아내인 윤태순 사모에게도 진심으로 감사드리며 이 책이 출간된 기쁨을 함께 나누고자 한다.

사역 방법

베데스다 센터의 사역은 회개 사역을 중심으로 하며 팀 사역으로 이루어진다. 기본적인 사역 방법을 간단히 소개하고자 한다.

1. 사역 팀은 내담자를 직접 만나 상담하고 영분별을 통해 내담자의 영적 상태를 진단하여 알려준다.

2. 회개해야 할 내용을 구체적으로 알려주고 지도해주며 해결해야 할 죄에 대해 알려준다.

3. 내담자는 회개해야 하며, 회개할 때 사역자는 예수 이름의 권세로 악한 영들을 불러낸다.

4. 사역을 할 때마다 결과를 매번 기록한다. 악한 영이 어느 정도 남아 있는지 체크하는 것이다.

5. 기본적인 사역은 보통 5주 정도가 필요하다. 더 깊은 단계의 사역은 필요할 때 진행한다.

지금까지 소개한 과정은 가장 기본적인 회개 사역 과정으로, 사역의 종류와 단계는 다양하다.

제1부

치유와
회개

일반적으로 서양 의학에서는 질병의 원인을 유전적 요인, 심리적 요인, 행동 장애, 환경적 요인, 외상, 폭력, 면역성 등에서 찾는다. 반면 동양 의학은 '우주와 신체의 부조화'로 본다. 그러나 성경은 질병의 원인이 인간의 죄와 관련되어 있다고 말씀한다.

신약성경에 나타난 치유는 육체의 치유로만 끝나지 않고 구속과 회복 그리고 사탄의 박멸이라는 구속적인 관점에서 전적인 치유를 보여준다. 즉 지, 정, 의가 완전히 조화된 몸과 정신, 영혼을 함께 치유하는 것을 의미한다.

예를 들면 예수님은 38년 된 병자에게 "더 심한 것이 생기지 않게 다시는 죄를 범하지 말라"고 하셨고, 중풍병자에게 "네 죄 사함을 받았느니라"고 하셨다(요 5:5-14). 이는 육체적 질병과 영적 질병이 연관성이 있다는 것을 말해주고, 또한 주님이 육체적인 부분과 영적인 부분 모두를 치유하셨음을 보여준다.

기독교 역사를 보아도 질병의 근본적인 원인과 치유에 대해 수많은 연구가 있었다. 히브리 사람들은 질병은 죄의 결과요, 하나님의 형벌이라고 생각했다. 이는 엘리바스가 욥에게 했던 말에도 드러난다.

"죄 없이 당한 자가 누구인가."

투루나이젠은 인간이 하나님의 부르심을 따라 살아야 함에도 불구하고 복종하지 않고 오히려 배반하기 때문에 질병에 걸린다고 보았다.

폴 트루니에(Paul Tournier)는 진정한 치유란 몸과 정신, 영혼의 합일로 이루어지며, 치유와 구원은 연합된 상태라고 했다. 치유란 단순히 어떤 질병을 제거하거나 질병에 걸리기 이전 상태로 복귀하는 것이 아니라 그보다 한 차원 높은 단계로 상승한다는 것이다. 이것은 치유가 단순히 육체적 영역에 국한되지 않는다는 뜻이다.

또한 김세윤 박사도 "질병은 병과 신체의 상처와 마음의 불안, 질투, 미움, 무가치함, 걱정, 두려움의 감정, 영성과 도덕성에 있어서 무질서와 왜곡, 소외, 착취, 분열, 투쟁, 전쟁 등을 초래하는 삶의 균형이 파멸된 것을 말한다. 이런 질병은 죄의 결과다"고 말했다.

기독교 영성가인 요한 크리스토프 브룸하르트(John Christoph Blumhardt, 1842-1919)는 대부분 질병의 뿌리는 죄를 용서받지 못한 데서 기인한다고 하면서 질병과 죄의 상관성을 밝히려 했다. 인간은 영적인 삶이 내재하고 있고, 영적인 삶이 타락함으로 질병의 온상이 되며, 이러한 영혼의 질병은 다른 질병의 뿌리가 된다. 인간의 궁극적인 치유는 사람의 전 존재를 하나님의 용서 아래 두어 용서받고 치유받아야 한다고 주장했다.

결론적으로 확실한 것은 질병은 인간의 타락에서 시작되었다는 것이다. 그러므로 치유의 문제를 다룰 때 단순히 현상적 회복에 그쳐서는 안 된다. 온전한 치유는 하나님이 처음 지으신 모습을 온전히 회복하는 것이다. 즉 육체적, 정신적, 영적인 치유이며 전인적인 회복이다. 병원에서 받는 약물 치료나, 정신적 또는 심리 상담을 통한 일반적 치료 과정 또한 전인적 치유의 범위 안에서 한 부분으로 인정된다.

이 책에서는 치유의 범위를 육체적, 정신적, 영적인 부분에서 환경에까지 확대하여 '환경 치유'라는 부분을 추가했다.

이번 제1부에서 나는 우리 센터의 깊은 회개와 사역을 통해 일어난 치유 사례들을 기록했다. 지금도 치유의 역사를 일으키시는 하나님의 은혜를 나눔으로 많은 곳에서 동일한 역사가 일어나기를 간절히 소망한다.

 질병 치유

1. 치유의 문으로 들어가는 열쇠

인간의 존재 자체는 연약하지만 우리 왕 되신 예수 그리스도는 전능하시다. 그렇다면 위대하신 우리 왕께 모든 것을 맡겨드리는 것이 가장 안전하고 지혜로운 길이 아니겠는가. 그 길로 들어가려면 겸손한 자세로 엎드리는 회개가 필수다. 즉, 진정한 회개는 치유의 문으로 들어서는 열쇠다. 그리고 믿음은 치유의 능력을 끌어당기는 힘이다. 세계적인 치유 사역자로 쓰임받은 스미스 위글스워스(Smith Wigglesworth)도 그의 책『성령의 세례』에서 이렇게 이야기했다.

"오늘 저녁 여기 계신 분 중에 심한 고통을 당하고 있는 병든 분이 있다면 그는 자신의 병에 대해 유감을 느낄 것입니다. 그러나 자신의 병에 대하여 느끼는 것만큼 자신의 죄에 대해 유감을 느낀다면 그는 치유될 것입니다. 죄악을 없애겠다는 간절함이 있다면 없어질 것입니다."

진정한 회개는 믿음과 동반되며 이는 곧 치유와 직결된다. 진정으로 회개하는 자에게는 하나님의 치유하심이 임한다.

A 사모님은 우리 센터에서 고혈압을 치유받은 분이다. 영적 사역자인 그분은 목사인 남편과 함께 열심을 다해 사역했다. 그러나 고혈압이라는 질병은 7년간 사모님의 발목을 잡았다. 혈압이 올라갈 때마다 사모님은 통증에 시달렸다. 매일 약을 복용했지만 혈압 수치는 쉽게 떨어지지 않았다. 약물로 치료가 어려워지자 사모님은 나의 동문인 남편을 통해 우리 센터를 찾아왔다. 먼저 영적인 진단을 해보니 뒷머리와 심장 쪽에 우상숭배의 영과 혈기분노의 영이 많았다. 이 영들을 내보내려면 사모님의 회개가 필요했다. 부모님 모두 고혈압이었기에 유전적인 요인도 있었다. 주님은 무리하지 말고 충분한 수분 섭취와 규칙적인 운동도 병행하기를 원하신다고 말씀하셨다.

주님 말씀에서도 확인할 수 있듯이 이 사모님의 경우 고혈압이라는 질병의 원인으로 영적, 유전적인, 생활적인 요인이 다 있었다. 나는 지난 10년간 치유 사역을 해오면서 온전한 치유는 전인적인 치유이기 때문에 한쪽으로만 치우치는 것은 옳지 않다는 것을 알게 되었다. 의학적 치유에만 맹목적으로 의지한다든지, 하나님께 받는 기적적 치유에만 몰입하여 일반적인 치유를 거부한다든지 하는 것은 다 올바른 선택이 아니다. 치료의 방법은 상호보완적이고 사람마다 질병의 원인이 다르기에 전인적인 치유의 방법을 병행하는 것이 좋다. 특히, 생명과 직결된 질병일수록 깊은 기도 가운데 주님이 허락하시는 치유의 방법을 선택해야 한다.

A 사모님도 계속해서 약물 치료를 했지만 효력이 없었기 때문에 주님의 치유가 필요했다. 사모님은 영적 진단을 받고 모든 내용을 믿음으로 받아들이셨다. 사모님은 일주일 동안 회개하고 나서 우리 센터를 다시 방문했다. 사모님은 회개할 때 뒷머리와 가슴이 조이는 현상을 느꼈다고 했다. 영안을 열어 살펴보니 악한 영들이 심장 동맥, 정맥관에 마치 수도 파이프를 보온재로 싼 것처럼 감겨 있었고, 뒷머리에도 뭉쳐 있는 것으로 보였다. 뒷머리와 가슴이 조이는 현상은 회개할 때 악한 영들이 몸에서 분리되는 과정 가운데 나타난 것이다.

나는 사모님께 영적 현상에 대해 설명하고 난 뒤 본격적인 사역에 들어갔다. 심장에는 우상숭배의 영, 두려움의 영, 눌림의 영, 혈기의 영 등이 감겨 있거나 박혀 있었다. 악한 영들을 불러내자 영들이 움직이기 시작했고 사모님의 얼굴은 홍당무처럼 빨개지면서 퉁퉁 부어올랐다. 이 영들은 시가와 관련된 것이 많았는데 그럴만한 이유가 있었다.

사모님은 2대째 신앙이 이어지고 있는 가문 출신으로 교회에서 남편을 만났다. 그러나 남편의 가문은 우상숭배의 뿌리가 깊었다. 유교 사상이 짙어 제사를 지냈고, 자녀들까지 기일제사에 참여하게 했다. 또 칠성신을 극진히 섬겼고, 무속 신앙도 깊어 무당골까지 찾아가는 가문이었다. 이런 시부모님과 거의 평생을 같이 살면서 고된 시집살이에 눌려 살았던 것이다. 시부모님은 예수 믿는 며느리가 못마땅한데다 아들까지 예수님을 믿게 했다는 원흉으로 몰아 며느리를 미워한 것이다. 사모님은 영육으로 고된 시집살이를 오랜 기간 꾹꾹 참고 살았다.

이런 상황 속에서 시가의 우상숭배의 영들과 관련한 여러 영이 사모님을 집중 공격한 것이었다. 영들을 하나하나 불러내자 사모님은 숨쉬기가 힘들다며 고통을 호소했다. 나는 악한 영들을 직접 불러내기도 하고 천사들을 시켜 머리와 심장, 혈관에서 악한 영들을 칼로 잘라 뜯어내고 뽑아냈다. 이 천사들은 하나님이 사역자들에게 보내주신 돕는 천사(히 1:14)로, 이 천사들은 악한 영을 공격하기도 하고 치유도 하는 등 사역을 다양하게 돕는다. 이 돕는 천사들은 역할이 정해져 있는데, 그들의 능력은 사역자의 수준에 따라 다르다.

내가 힘을 다해 악한 영들을 불러내자 실타래가 풀리듯 하얗게 풀어져 나왔다. 1시간 30분 정도 사역을 하자 사모님은 곧 안정을 찾고 평안해졌다. 사모님은 사역을 마친 후 병세가 사라진 것을 확인하고 싶은 마음에 병원을 찾아갔다. 확인 결과 180이던 혈압이 140/90으로 떨어져 있었다. 놀라운 일이었다.

한 주가 지나고 두 번째로 사역을 했다. 이번에도 사모님은 회개할 때 뒷목이 뻐근하고 가슴이 벌어지는 것 같은 현상을 느꼈다. 특히 우상숭배에 대해 회개할 때는 배가 부풀어 오르는 느낌과 압박감을 받았다고 했다. 전에도 언급한 것처럼 이것은 영들이 떠나갈 준비를 하는 것이다. 실제로 살펴보니 영들이 계속해서 떠오르고 있는 상태였다. 이렇게 악한 영들은 멀리 있지 않고 우리 가운데 거하면서 고통을 준다. 우리는 악한 영들이 주는 이 고통에 눌려 패배자처럼 살 수 없다. 악한 영의 정체를 알고 대장 되신 그리스도를 따라 영적 싸움을 싸워야 한다.

사역은 이렇게 어느 정도 회개가 된 후 영들이 계속해서 떠오를 때 받는 것이 효과적이다. 본격적인 사역에 들어가니 이번에도 머리와 심장을 중심으로 많은 영이 나갔다. 특히 심혈관에 감겨 있어 혈압이 올라가도록 압박하는 영들을 중심으로 불러내자 하얀 안개처럼 힘없이 풀어져 나가는 것이 보였다. 다시 한 번 예수 그리스도의 능력과 회개의 은혜가 얼마나 큰지 생각할 수밖에 없었다. 사모님은 이번에도 사역을 마치고 병원에 갔다. 혈압을 재보니 135/90으로 조금 더 떨어진 상태였다. 주님의 놀라운 역사는 계속되고 있었다.

일주일 후 사모님은 약속된 시간에 다시 센터를 방문했다. 사모님은 위기가 한 번 있었다고 말했다. 중간에 혈압이 다시 올라갔었다는 것이다. 그러나 사모님은 상심하여 포기하지 않고 오히려 하나님의 치유하심을 믿고 더욱 열심히 회개하며 순종하기로 선택했다. 영적 싸움은 마지막이 가까울수록 이렇게 더 치열해졌다.

주님의 치유하심은 그 자리에서 즉시 온전하게 고쳐주기도 하시지만 시간이 필요한 경우도 많다. 이때 어떤 이들은 사역을 받는 기간 중에 처방된 약을 복용한다든지 병원을 가는 것은 믿음이 없는 행동이라고 단정하기도 한다. 그러나 그것을 무조건 잘못된 행위라고 보기는 어렵다. 중요한 것은 주님이 기뻐하시는가에 있다.

주님의 말씀을 따라 온전한 믿음으로 행하는 행위, 즉 본질적으로 믿음에서 출발하는 행함이 중요하다. 어떤 방법을 통해서든지 하나님이 치유의 은혜를 주셨기 때문에 질병에서 자유를 얻는 것이다. 치유는 하나님에게서 오는 것이다. 그러나 질병의 문제를 너무 크게 여겨 하나님의 능력에 대한 믿음을 버리고 사람을 의지한다면 하나님의 치유하시는 기름 부으심이 끊어질 수도 있다. 믿음이 없이는 하나님을 기쁘시게 할 수 없다. 믿음은 관계적인 면에서 작용한다.

이 사모님의 경우는 중간에 혈압이 올라갔을 때 약을 먹거나 병원을 가지 않았다. 사모님은 이번에 회개하면서 머리와 배와 심장에서 무엇인가 탁 하고 풀어지는 것을 실제로 느꼈기 때문에 영적인 현상에 대해 확신을 가지고 있었다. 믿음으로 선택하고 행할 때 주님의 보호하심이 있다.

세 번째 사역에 들어가 악한 영들을 불러내니 심장에서 고혈압을 일으키는 많은 영이 갈대처럼 흔들거리며 힘 있게 올라와 빠져나갔다. 이번에도 사모님은 병원에 가서 혈압을 확인했다. 결과는 120/70. 완전히 정상으로 돌아왔다. 혈압이 정상 수치로 돌아온 것이 얼마만인지. 사모님은 기쁨의 놀라움 가운데 더욱 확신을 얻고 하나님께 영광을 돌릴 수밖에 없었다. 그 이후에도 혈압 때문에 고생하는 일은 크게 없었다. 능력의 하나님께 모든 영광을!

그 후 사모님은 사역자로서 더욱더 맡은 바 사명에 충실할 수 있었고,

건강이 회복되어 삶의 질 또한 향상되었다. 끝내 승리를 얻은 것이다. 악한 영들은 패배했다.

우리의 싸움은 죄와 싸우는 것이다. 겸손한 회개는 하나님의 긍휼히 여기심을 얻는다. 믿음의 회개는 왕 되신 예수 그리스도가 베푸시는 실제적인 치유의 능력을 불러일으킨다. 회개가 믿음에서 비롯한 것이기 때문이다. 모든 치유는 예수 그리스도를 통해 내려오는 하나님의 축복이다. 이 축복이 우리에게 임할 수 있는 유일한 이유는 오직 예수님이 십자가에서 우리의 죄와 질병, 사망의 모든 짐을 대신 지셨기 때문이다. 이 축복은 하나님의 은혜와 사랑, 넘치는 긍휼하심을 통해 이루어지는 것이다.

"저물매 사람들이 귀신 들린 자를 많이 데리고 예수께 오거늘 예수께서 말씀으로 귀신들을 쫓아 내시고 병든 자들을 다 고치시니 이는 선지자 이사야를 통하여 하신 말씀에 우리의 연약한 것을 친히 담당하시고 병을 짊어지셨도다 함을 이루려 하심이더라"(마 8:16-17).

"친히 나무에 달려 그 몸으로 우리 죄를 담당하셨으니 이는 우리로 죄에 대하여 죽고 의에 대하여 살게 하려 하심이라 저가 채찍에 맞음으로 너희는 나음을 얻었나니"(벧전 2:24).

그러므로 치유 사역에서 회개 사역이 동반되는 것은 필수인 것이다.

회개기도는 주님 중심적인 기도다. 진정으로 회개하는 자는 육체의 질병보다 자신의 죄가 더 심각하다는 사실을 깨닫게 되고 겸손하게 하나님의 은혜만을 붙들게 된다. 이렇게 내면의 중심에서부터 변화가 일어나 주님만 바라보는 자에게 주님의 치유하심이 어찌 속히 임하지 않겠는가. 치유 사역이 회개를 동반할 때 치유 사역자와 내담자 모두가 안정적으로 사역에 임할 수 있으며 강력한 효력이 있다.

사람은 육체를 가졌기 때문에 잘못된 습관으로 질병에 걸릴 수 있고, 무리했을 경우에도 질병에 걸리게 된다. 병원에서 약물로 치료를 받는 것도 매우 자연스러운 현상이다. 또한 하나님이 기적적으로 치유해주셨더라도 동일한 죄를 반복해서 짓거나 건강 관리를 하지 않으면 재발되는 경우가 많다. 죄를 짓지 않고 경건한 삶을 살기 위해 힘쓰고 영혼과 몸을 지속적으로 잘 관리하는 것이 중요하다.

나는 치유 사역자로서 하나님의 자녀들이 죄와 사망의 법에서 해방되어 하나님의 은혜를 누리며 살기를 소망한다. 이 은혜는 멀리 있는 것도, 과거에만 있었던 것도 아니다. 하나님의 말씀은 살아 있기에 치유의 역사 또한 계속되고 있다. 회개는 치유의 문으로 들어가는 열쇠다. 한 사람이 진정으로 회개할 때 이 땅에서는 치유의 기쁨이 넘쳐나고 천국에서는 죄인이 돌아온 것으로 인한 기쁨의 환호성이 넘치게 될 것이다.

2. 고통에서 천국으로

　A 목사님은 시골에서 안정적으로 목회를 하던 분이다. 어려웠던 교회가 성전과 사택, 교육관 및 식당까지 건축할 정도로 부흥이 되었고, 후배 목회자들에게 귀감이 되었다. 그러나 이런 분이 인생의 황혼기를 맞아 질병의 어려움을 만나리라고는 누구도 생각하지 못했다. 목사님은 흑색종 피부암을 선고받았다. 이것은 희귀병으로 목사님의 평안한 삶을 완전히 깨뜨렸다. 병원에서 수술을 받았지만 경과가 좋지 않았고 암의 근원도 알아내지 못했다. 병원에서 해줄 수 있는 일은 더는 없었다. 많은 시간과 물질을 들였지만 아무런 수확도 얻지 못했다. 그저 집에서 민간요법을 의지하며 병이 악화되는 것을 지켜보고만 있었다.

　지인을 통해 목사님의 상황을 듣게 되었을 때 나의 마음은 성령님의 이끄심으로 요동쳤다. 주님이 빨리 가보라는 말씀을 주셔서 즉시 순종하여 목사님께 연락을 드렸다. 보수적인 교단의 대선배이신 목사님이 이 사역에 대해 들으면 어떻게 받아들일까 고민할 새도 없었다. 나는 그저 성령님의 이끄심에 순종했다. 감사하게도 목사님과의 통화는 순조롭게 이어졌고 바로 약속을 잡을 수 있었다. 목사님을 만나기 전에 우리 팀은 먼저 영적으로 진단을 하기로 했다.

　질병의 치유 사역은 근원과 목적은 동일하지만 방법은 여러 가지다.

그 중 우리에게 열어주신 방법 중 하나는 원인이 무엇인지 주님께 여쭙고 그 문제를 회개함으로 해결하며 축사 사역과 치유 사역을 진행하는 것이다. 우리 팀이 목사님의 상태를 영적으로 진단해보니 온 몸 전체에 영이 많은 편이었고, 특히 고관절과 아랫배 쪽에 많았으며, 폐에도 염증이 있는 것으로 보였다. 영적으로 가장 큰 원인은 우상숭배와 혈기분노의 영이었다. 나는 목사님의 영육 상태가 너무 심각해 놀랐다. 악한 영들이 약한 곳을 집중적으로 파고들어 생명력을 갉아 먹고 있었다. 우리 팀은 약속한 날에 목사님을 방문했다.

목사님의 상태를 처음 보았을 때 우리는 놀라지 않을 수 없었다. 그의 손과 다리가 통나무처럼 단단하게 부어 있었는데 살결은 사람의 살이 아니라 나무껍질같이 단단하고 거칠었다. 질병이 초래하는 참담함이 어떤 것인지 여실히 보여주고 있었다. 나는 안타까운 마음으로 우리가 진단한 목사님의 상태에 대해 설명했다.

진단하는 과정에서도 느꼈지만 우리 눈으로 보는 것과 주님의 눈으로 보시는 것은 많이 달랐다. 목사님은 존경받는 목회자였고 목회도 형통한 상황이었다. 그러나 주님은 철저히 그 중심을 보셨다.

주님은 목사님에게 이런 어려움이 찾아온 원인으로 몇 가지 말씀을 해주셨다.

첫 번째, 사업 및 돈을 부풀리기 위해 고심하며 헛된 일을 했기 때문이었다. 주님은 이것을 노름과 같다고 하셨다.

두 번째, 하나님을 믿는 것을 우습게 여겼다는 것이다.

세 번째, 성도들을 자신의 혈기로 꾸짖었다는 것이다.

네 번째, 주님으로만 살지 않고 생각으로 간음했다는 것이다.

다섯 번째, 미움과 증오를 풀지 않고 속으로 삭혔다는 것이다.

여섯 번째, 주님의 일을 소홀히 하고 바깥일에 매진했다는 것이다.

주님은 스스로 어떻게 해보려고 하는 인간적인 방법을 특별히 지적하셨는데 이로 인해 그가 주님의 보호를 받지 못했다고 말씀하셨다. 주님은 목사님의 전부가 되기를 원하셨다. 우리는 주님의 보호하심이 잠시라도 없으면 내일을 장담할 수 없는 존재다. 이런 주님의 말씀을 전하자 목사님은 질병이 걸린 서운함과 원망하는 마음보다는 부끄러운 마음을 앞세웠다.

목사님은 눈물을 흘리기 시작했다. 시골에서 목회를 시작하다보니 생활고에 시달릴 수밖에 없었고, 생계를 위해 소규모의 양봉 사업을 시작하게 되었다. 이후 목회가 안정되면서 물질적으로 어려움이 없었는데도 소규모로 시작했던 양봉 사업의 수익이 커지자 몇 십 년 동안이나 사업에서 손을 떼지 못했다. 그러다 보니 목회에 온전히 전념할 수 없었고 기도와 말씀에 매진할 수 없었다. 주님은 그 과정을 몇 십 년간 지켜보고 계셨던 것이었다.

목사님은 우리가 진단하고 알려준 내용을 인정하면서 무엇이라도 붙잡고 싶다고 했다. 나는 가장 중요한 것이 회개임을 설명하고 난 후 진단한 내용을 가지고 회개할 수 있도록 도왔다. 상담을 마친 다음 이후 사역 일정을 세웠다. 내담자가 교회로 와서 사역을 받는 것이 일반적이지만 목사님이 움직일 수 없는 몸 상태였기 때문에 우리는 방문하여 사역하기로 했다.

일주일 후 목사님을 다시 방문하여 상태를 보니 여전히 몸 전체가 부어 있었고 움직이기도 힘들어 보였다. 본격적인 사역이 시작되자 목사님은 진단받은 내용을 중심으로 회개했다. 무당의 영과 교만의 영, 혈기의 영 등은 고관절과 다리에 강한 철사같이 박혀 있거나 감겨 있었고, 이것을 중심으로 다리 전체에 영들이 뿌리를 내리고 있었다. 다리 전체에 퍼져 있는 이 영들로 인해 혈액이 제대로 순환되지 않았던 것이다.

뱀과 같은 형태의 악한 영들은 우리가 죄 지을 때마다 우리 몸 깊숙한 곳까지 파고 들어온다. 악한 영들은 죄로 인해 사람 안에서 영향력을 발휘할 수 있는 합법적인 권리를 가진다. 그래서 죄가 어느 정도 쌓이면 죄 또는 악한 영이 사람을 다스리기 시작하는 것이다.

"그러므로 너희는 죄가 너희 죽을 몸을 지배하지 못하게 하여 몸의 사욕에 순종하지 말고"(롬 6:12).

악한 영들은 가느다란 실 같은 형태인데 회개하지 않고 계속 죄를 지으면 사람의 몸속에 들어가 세력을 강화한다.

악한 영의 수가 많아질수록 실과 같던 영들이 굵은 뱀처럼 크기가 커지고 힘이 강해져 우리의 육체와 속사람까지 병들게 한다. 이 영들은 죄가 있는 곳이면 어디든 거할 수 있으며, 강한 영들은 사람 몸 속뿐만 아니라 주변에도 머문다. 악한 영들은 죄를 짓기 좋은 환경을 만들며 빠져나가기 어렵게 그 사람을 조인다. 이 영들은 자신의 정체를 교묘히 숨기며 어려움의 원인을 하나님으로 돌려 사람이 결국 하나님을 원망하고 불신하게 만든다. 이 악한 영들의 최종 목표는 하나님과 우리의 관계가 멀어지게 하는 것이다. 이 악한 영은 우리의 원수다.

그러나 진실한 회개는 악한 영들이 합법적으로 출입하고 통치할 수 있는 권리를 파괴한다. 이 효력의 근거는 예수 그리스도의 십자가와 부활의 능력에 있다. 예수 그리스도로 인해 우리는 악한 영이 빼앗아간 주권을 다시 찾을 수 있게 되었고, 이미 자리 잡고 있던 악한 영을 쫓아낼 수 있게 되었다.

우리는 예수님의 이름으로 강하게 영들을 불러냈다. 영들이 움직이기 시작하자 목사님의 얼굴이 굳어지면서 말을 하지 못했다. 나는 더 큰 소리로 악한 영들을 불러냈다. 목사님도 있는 힘을 다해 땀을 뻘뻘 흘리며 회개에 임했다. 그의 회개에는 살고자 하는 사람의 처절한 본능이 느껴졌다. 그 모습이 안타깝기도 하고 감사하기도 했다. 불러낸 악한 영들은 마치 실뱀장어같이 꿈틀거리며 힘 있게 솟아올랐다. 그렇게 영들은 몇 번을 거듭하며 빠져나갔다.

확실한 사실은 추상적으로 회개하기보다 영분별을 통해 진단한 영들과 관련한 죄를 정확하게 회개할 때 자리 잡고 있던 악한 영들이 더욱 강하게 반응한다는 것이다. 이 악한 영들은 마치 뱀과 같은 형태로 죄를 지었던 부위에 박혀 있거나 감겨 있거나 똬리를 틀고 있다. 회개할 때 악한 영들이 자리 잡고 있던 곳에서 떠오르기 시작하는데 이때 영들이 나가는 속도는 천차만별이다. 주님 앞에 회개가 잘 이루어지면 떠오르는 악한 영들의 숫자도 많아지고 더 잘 풀린다. 이때 사역을 받으면 굉장히 효과적이다.

그렇게 약 두 시간 정도 사역이 진행되었다. 사역이 끝나자 놀랍게도 목사님은 즉시 스스로 몸을 움직여 화장실을 갈 정도로 치유가 이루어졌다. 전에는 혼자 힘으로 일어나지도 못했는데 놀라운 일이 일어난 것이다. 그리고 무엇보다 큰 열매는 목사님의 회개였다. 목사님은 하나님 앞에서 이렇게 회개한 것은 처음이라고 고백하면서 굉장히 기뻐했다. 목사님은 치유받은 기쁨과 함께 회개함으로 인한 기쁨이 넘쳤다. 성령의 역사를 체험하고 난 목사님은 더욱 적극적으로 사역을 요청했다. 그래서 우리는 목사님의 상태가 위중했기에 일주일에 두 번 사역하기로 했다.

우리 센터에서 주로 사역하는 형태는 이렇게 사역자가 악한 영들을 보며 불러내고, 내담자는 회개하거나 악한 영들을 밀어내는 협력적 사역이다. 1대 1로 사역이 진행되는 경우 내담자의 협력적 믿음은 필수다. 내담자가 일주일 정도 회개하는 기간을 가진 후 사역을 받는 것이 기본 원칙이지만 상태가 심각할 경우 사역 횟수를 늘리기도 한다.

  약속된 시간에 우리는 두 번째 사역을 했다. 목사님의 다리는 여전히 통나무처럼 단단하게 부어올라 있었기에 우리는 먼저 다리와 고관절을 중심으로 사역했다. 예수님의 이름으로 악한 영들을 불러내자 마치 빼곡한 아지랑이가 풀풀 올라오듯이 빠져나갔다. 그러나 아랫배 부분의 상태는 여전히 주먹만 한 크기로 부어 있었기에 나는 계속해서 아랫배와 다리를 중점적으로 사역했고, 아내는 손과 팔을 중심으로 사역했다. 악한 영들은 오래 버티지 못하고 쫓겨나갔다.

  악한 영이 머무르면 어떤 곳이든 부패한다. 또 악한 영은 약하고 부패한 곳에 머물기 좋아한다. 이렇게 먼저 자리 잡은 악한 영들과 질병 자체를 쫓아낸 뒤 질병이 시작된 부위에 주님의 치유하심이 부어져야 한다. 우리는 축사 사역을 마친 후 목사님의 아픈 부위에 주님이 보혈을 부어달라고 기도하며 주님의 치유하심이 임하기를 기도했다. 악한 영들이 빠져나간 곳에 주님의 보혈과 은혜가 채워지면 악한 영들이 다시 들어오는 것을 막을 수 있다.

  3일이 지나 다시 방문했을 때 우리는 목사님의 모습에 놀라지 않을 수 없었다. 목사님은 집 마당에서 내리쬐는 오후의 햇빛을 받으며 우리를 향해 환한 미소를 지으면서 손을 흔들어 맞이하는 것이 아닌가. 목사님은 기쁨에 차서 우리에게 간증하며 자랑했다. 너무 부어서 설 수조차 없었던 다리와 움직이기 어려웠던 손과 팔이 거의 회복되었고 붓기도 다 가라앉아 보통 사람과 같이 움직일 수 있게 되었다는 것이다. 그래서 이제 산책이나 가벼운 운동까지 할 수 있어 오늘도 밖에 나온 것이었다. 우리는 목사님에게 베푸신 하나님의 능력이 놀라웠고 그 은혜에 함께 감사드릴 수밖에 없었다. 회개 사역의 맛을 본 목사님과 사모님은 더욱 자주 사역 받기를 요청했다.

무엇보다 감사한 것은 목사님이 자신을 돌아보는 깊은 회개를 통해 잘못된 부분들을 인정하고 깨닫게 되면서 심령이 새롭게 변화되었다는 것이다. 이처럼 하나님의 치유하심은 내적 변화가 선행된다. 질병의 치유는 회개의 열매로 드러난다. 심령의 변화와 함께 심각했던 몸의 상태도 점점 호전되어갔다. 목사님은 감사의 마음으로 꿀과 감자를 챙겨주시며 하나님께 감사 예물을 기쁨으로 드렸다.

사역을 하면 할수록 깨닫는 것은 회개 자체가 악한 영의 진을 파하는 강력한 무기라는 것이다. 즉 회개의 삶은 승리의 삶과 직결된다. 철저히 회개하는 삶은 직분과 상관없이 참으로 유익하다. 죄인 한 사람이 회개하면 천국에서 의인 아흔아홉보다 더 기뻐하신다는 주님 말씀은 실제로 악한 영들에게 눌려 묶여 있던 영혼이 자유하게 되어 주님께 돌아갈 수 있기 때문이다. 이는 예수 그리스도가 행하셨던 사역과도 일치하며(눅 4:18) 우리의 사역도 이것을 본받아야 한다. 회개는 영적 전쟁에서 승리를 좌우하는 하나님의 강력한 무기다.

이렇게 목사님 내외분의 전적인 회개와 사역이 한창 무르익었을 때였다. 그날도 사역을 마치고 돌아와 저녁 기도 모임을 마친 뒤였다. 그때 나는 긴급한 전화 한 통을 받았다. 목사님이 계속 기침을 한다는 것이었다. 진단을 해보니 폐 부분에 있던 염증이 원인이었다. 영적으로 살펴보니 혈기분노의 영이 박혀 있는 것으로 보였다.

목사님은 평소에도 의분이 많았다. 주님은 어떤 특정한 사건에 대한 혈기분노의 죄를 말씀하셨는데, 목사님은 이를 인정하고 회개했다. 그다음 날 우리는 다시 목사님을 방문했다.

그런데 호시탐탐 틈을 노리고 있던 악한 영이 이 틈을 파고들기 시작했다. 도착해보니 목사님 표정이 좋지 않았고 예상 밖의 말을 하는 것이었다. 목사님이 회개하면서 자신의 죄를 깊이 생각하며 고통스러워하는 동안 다른 목사님에게 들었던 말이 회개의 불을 꺼뜨린 것이었다. 그 목사님은 주님의 보혈로 우리가 이미 완전히 용서받았기 때문에 더는 고통스러워하며 죄를 회개할 필요가 없다고 한 것이다. 칼뱅도 성화의 장에서 회개는 평생 해야 한다고 저술했다. 주님의 보혈로 완전히 용서받아 구원을 얻었기 때문에 주님이 말씀하신 거룩함에 이르기 위해 더욱 회개에 힘써야 하는 것이다. 그러나 안타깝게도 목사님은 지금까지 우리가 가르쳐 준 말과 스스로 회개하며 체험했던 모든 것을 잊어버리고 우리의 처음 만남 이전으로 돌아간 것 같았다.

목사님은 사건 당시 이미 그 죄에 대해 회개했고 당사자에게 전화로 사과까지 했는데 아직도 그 죄가 남아 있다는 것을 믿을 수 없다는 것이었다. 회개의 완성은 주님의 용서하심에 있다. 주님이 그 죄를 용서하셨다면 그때 역사했던 악한 영들도 자리 잡지 못하고 완전히 떠난다. 아직 그 죄와 관련한 영들이 남아 있다면 주님께 더욱 회개하며 엎드려야 하는 것이 옳다. 우리는 계속해서 주님이 원하시는 양만큼 회개가 필요하다고 말했지만 목사님의 마음은 이미 닫힌 뒤였다.

목사님은 이제 몸이 많이 좋아졌으니 지금부터는 사역보다 침술로 몸을 다스리겠다고 했다. 사역이 아직 완전히 마무리된 것이 아니었기에 걱정스러운 부분이 있었지만 어쩔 수 없었다. 그렇게 목사님의 믿음의 역량에 따라 마지막 기도와 함께 모든 사역이 급작스럽게 끝이 났다.

사역의 시작과 끝은 주님께 달려 있다. 주님이 끝이 났다고 말씀하실 때까지 믿음의 싸움이 필요하기에 끝까지 달려가는 것은 너무도 중요하다. 아무리 시작이 좋고 화려해도 끝이 실패하면 무슨 소용이 있겠는가. 처음도 중요하지만 더 중요한 것은 마지막이다.

그 후 한 달 정도 지났을 때 우리는 목사님의 안타까운 소식을 듣게 되었다. 목사님의 몸이 갑자기 악화되어 서울 모병원에 2주 정도 입원했다가 숨을 거두었다는 것이었다. 참으로 안타까웠다.

우리는 주님의 것이다. 주님의 종의 사명은 주를 위한 것이고, 결국 사명을 다하는 것이 주님의 종에게 최상의 삶이며 최고의 선이다. 목사님이 조금만 더 믿음으로 순종했더라면 하는 아쉬움도 남지만 한편으로는 마지막에 지금까지 해본 적 없는 깊은 회개를 하고 가신 것이 하나님의 은혜이기에 감사한 마음도 들었다. 모든 것이 주님 손에 있기에 사역 또한 주님의 뜻 가운데서만 이루어진다. 치유의 목적은 단순히 질병의 회복을 넘어서 주님의 뜻이 그 사람에게 온전히 이루어짐으로 말미암아 하나님 나라가 확장되는 것이다. 나는 사역자로서 우리 삶에 치유가 넘쳐나 나에게서 시작해 이 땅에 주님의 뜻이 온전히 이루어져가기를 소망한다.

3. 말씀을 전하다가 쓰러지다

K 목사님은 열심과 열정이 많은 분이다. 특히 국내외에 있는 목사님들과 선교사님들을 대상으로 교육에 힘쓰며 부흥회를 통해 영적인 공급에도 열심이다. 어디에 내놓아도 훌륭한 분임이 틀림없다.

그러나 그런 목사님에게도 건강의 문제가 있었다. 진료를 통해 알 수 있는 것은 심장이 좋지 않다는 것이었고 이로 인한 가장 큰 문제는 이유 없이 쓰러지는 것이었다. 특히 목사님이 부흥회를 인도하거나 말씀을 전할 때 쓰러진 적이 많았다고 한다. 언제 또 쓰러질지 모르니 부흥회를 갈 때마다 늘 불안했고, 자신의 쓰러진 모습에 주님의 영광이 가려질까 늘 노심초사 할 수밖에 없었다. 부흥회로 가는 길이 마치 살얼음판을 걷는 듯했을 것이다. 목사님도 이 증상을 치유하기 위해 병원에서 꾸준히 치료를 받았지만 별 차도가 없었다. 이렇게 훌륭한 목사님이 이 질병 때문에 모든 사역과 목회에 큰 방해를 받고 있었던 것이다.

이런 상황 속에서 지인의 소개를 통해 목사님은 우리 센터의 사역을 알게 되었다. 거리가 멀었기 때문에 목사님은 먼저 전화로 영적 상담을 받았다. 영적인 진단은 먼 거리에서도 가능하기 때문이다. 진단을 해보니 머리와 뒷목 그리고 심장에 우상숭배 영과 큰 혈기의 영이 자리 잡고 있는 것이 큰 문제였다. 이 혈기분노의 영들은 머리와 심장과 간을 중심으로 여러 곳에 깊이 자리 잡고 있었다. 이번에도 역시 우상숭배의 영과 더불어 혈기의 영이 가장 큰 원인이었다.

  사람에게 심장은 생명과 직접 연결되는 매우 중요한 부위다. 악한 영들도 그것을 알고 호시탐탐 심장을 노리며 집중적으로 공격한다. 심장은 특히 감정과 관련한 죄를 지을 때 많이 공격을 받는다. 나도 심장에 영이 많았다.

  어린 시절 나는 깊은 산으로 둘러싸인 시골에서 자랐는데 그날은 유난히도 컴컴한 밤이었다. 나는 우리 집 참외밭에 있던 오두막에서 누이와 함께 부모님을 기다리고 있었다. 그런데 어느 순간 산에서부터 불빛이 밭으로 내려오는 것이 보였다. 우리는 누군가가 참외를 도둑질하러 온다고 여기고 기다렸다. 어느 정도 가까이 왔을 때 이놈 잘 걸렸다 싶은 마음으로 손에 들고 있던 손전등을 비추었다. 그런데 우리 눈에 보인 것은 사람이 아니었다. 두 눈에서 새파란 불이 나오는 호랑이가 서 있었다. 그때 우리는 너무 놀라고 두려워 문을 닫고 이불을 덮고는 벌벌 떨었다. 다행히 호랑이는 순순히 지나갔고 얼마 지나지 않아 아버지가 오셔서 안전하게 귀가했다. 나중에 나는 동네 어른들이 호랑이 한 마리를 잡아 등에 메고 가는 모습을 보았는데 그때 누이와 함께 봤던 게 호랑이가 틀림없다고 확신했다. 회개를 하다 보니 그때 두려움의 영과 놀라게 하는 영이 가슴에 들어와 나를 억누르고 있다는 것을 알았다. 나는 간절히 주님을 찾으며 그때 두려워하고 겁에 질려 떨었던 것을 회개했는데 그러자 악한 영들이 쫓겨나가고 평안이 임했다.

　나의 개인적인 체험과 여러 사역을 통해 살펴본 결과 우리를 사로잡는 대표적인 감정은 두려움과 걱정, 근심과 우울 그리고 혈기분노임을 알았다. 이것은 우리가 일상에서 흔히 경험하는 감정들이다. 그래서 우리의 중심과 마음을 중요하게 보신다는 하나님의 말씀은 더욱 의미가 깊은 것이다(삼상 16:7). 또 그렇기 때문에 우리는 이러한 공격을 방어하기 위해 의의 흉배를 입어야 하는데, 의의 흉배는 추상적인 것이 아니라 영적 실제다.

　목사님은 훌륭한 인격자였지만 혈기가 약점 중 하나였다. 목사님은 나중에 고백하기를 자신이 실제로 혈기분노가 강한데 부모님과 꼭 닮았다고 했다. 부모님 또한 혈기가 강하여 한번 불이 붙으면 화로든 밥상이든 관계없이 집어던지기까지 했다는 것이었다. 목사님도 그 모습을 닮아 화가 나면 자기도 모르게 그런 행동을 했다는 것이다. 혈기분노의 영은 이 가정 가운데 끈질기게 역사하고 피해를 주고 있었던 것이다.

　또 우상숭배에도 충실한 가정이어서 제사를 지낼 때 목사님도 직접 참여한 적이 있다고 했다. 심지어 대학 시절에는 불교에 심취하여 불교 동아리에 가입해 열심히 활동을 이끌기도 했다. 우상숭배에 직접 참여하는 것과 참여하지 않은 것은 엄청난 차이가 있다. 물론 주님을 영접한 후 많이 기도하고 회개했지만 그 양이 충분하지 않았고, 그 죄를 빌미로 악한 영들이 문제를 일으킨 것이었다.

우상숭배의 죄는 우리나라 사람이라면 피해갈 가문이 없다. 우리나라에서 우상숭배라고 하면 크게 네 가지로 구분할 수 있다. 그것은 제사, 무당, 불교, 미신, 잡신이다. 이 영들은 매우 악질적이며 많은 죄의 열매를 양산하는 토대가 된다. 선조들이 우상숭배를 했거나 특히 본인이 직접 우상숭배를 했던 사람은 그 죄로 말미암아 악한 영들의 공격을 합법적으로 받게 된다.

"그것들에게 절하지 말며 그것들을 섬기지 말라 나 네 하나님 여호와는 질투하는 하나님인즉 나를 미워하는 자의 죄를 갚되 아버지로부터 아들에게로 삼사 대까지 이르게 하거니와"(출 20:5).

우상숭배의 죄를 회개하는 것이 중요한 이유는 죄가 유전적인 성격을 갖기 때문이다. 성경에서 죄의 유전성에 대한 사례를 찾아볼 수 있는데 가장 대표적인 것이 바로 아담의 죄다. 죄는 아담이 지었지만 이로 인해 모든 인류가 죄 가운데 태어나 죽게 되었다. 두 번째 예로 들 수 있는 것은 아브라함과 그의 후손이다. 아브라함은 창세기 12장과 20장에서 자기 아내를 누이라고 속여 위기를 맞았다. 그런데 신기하게도 그의 아들인 이삭 역시 창세기 26장에서 똑같은 거짓말로 실수하는 것을 볼 수 있다. 야곱 또한 형을 두 번이나 속이고 큰 어려움을 겪는다. 이처럼 죄에 대해 하나님 앞에서 철저히 회개하지 않으면 그 죄성은 후손에게 내려간다. 이로 인해 악한 영들은 개인과 가정 가운데 자유롭게 활동할 수 있는 권리를 얻는 것이다.

이처럼 우상숭배의 죄는 매우 중요한 문제이기에 나는 목사님께 우상숭배 죄에 대한 회개가 필요한 것과 집중적으로 해야 한다는 것을 설명했다. 목사님의 경우 우상숭배와 혈기분노와 관련한 영들을 제대로 해결하기 위해 자신과 선조들의 죄까지 회개해야 했다. 목사님이 우리 센터로 바로 올 수 없는 상황이었기 때문에 일단 이 영적 진단 내용을 간단히 전화로 알렸고, 우리는 목사님이 시무하는 교회로 찾아가 상담의 시간을 가졌다.

목사님은 우리를 반갑게 맞아주었다. 우리는 상담을 하며 목사님의 영적 상태를 진단하여 자세히 설명했고, 목사님은 그 내용들을 인정하면서 회개에 힘쓰겠다고 했다. 우리 팀은 바로 1차 사역에 들어갔다. 목사님이 우상숭배의 죄와 진단한 영과 그와 관련한 죄를 하나하나 토설하며 회개했고, 우리는 악한 영들을 불러냈다.

우상숭배의 영들은 천같이 목사님의 머리를 싸고 있거나 박혀 있었다. 이 영들을 불러내니 마치 밤송이 가시처럼 뾰족하게 사방으로 빠져나갔다. 자세히 살펴보니 가시 끝에 제사의 영, 무당의 영, 부처의 영 등으로 각기 갈라졌다. 악한 영끼리 서로 협력하고 있었던 것이다. 이렇게 끝이 날카로운 영이 많은 상태라면 머리가 굉장히 아팠을 것이다. 목사님은 실제로 무거운 두통이 있었고 숨쉬기가 힘들 정도로 가슴이 늘 답답했다.

그다음 간과 심장에 있는 영들이 보였다. 간에는 혈기와 교만의 영이 철사처럼 강하게 십자 모양으로 묶이고 조인 심각한 상태였다. 그로 인해 간이 부어 있는 것으로 보였다. 심장 입구에도 빨간 복주머니처럼 영들이 감기고 박혀 있었다. 이 악한 영들을 계속 불러내며 사역하자 천천히 풀려 나가는 것이 보였다. 나를 돕는 천사들은 묶여 있던 악한 영들을 자르고 뽑아냈다. 악한 영들은 전선의 피복이 벗겨져 가느다란 철사들이 풀어져 나오는 것처럼 천천히 풀어져 나갔다.

그렇게 한 시간 정도 첫 사역을 하고 나자 목사님은 제법 힘이 들었지만 몸이 너무 개운하고 가벼워졌다며 기뻐했다. 그때 환상으로 속사람이 보였는데 목사님이 어두운 곳에서 고개를 숙이고 움츠리고 있다가 고개를 들어 주님을 바라보는 모습이 보였다. 주님은 속사람부터 질병까지 모두 치유하고 계셨던 것이었다. 그렇게 첫 번째 사역을 성공적으로 마무리하고 다음 사역 시간을 잡았다.

몸이 개운하거나 가볍다고 느끼는 것은 단순한 느낌이 아니라 우리 몸에 자리 잡고 있던 영들이 나갔기 때문이다. 영이 많으면 실제로 그 무게를 느끼기도 한다. 우리 센터에서는 사역할 때 영들이 얼마나 나갔는지 백분율로 체크하기도 한다. 영적 전쟁은 실제다.

성령의 역사를 체험한 목사님은 일주일 동안 회개하고 약속한 날짜에 센터를 찾아왔다. 이번에도 우리는 머리와 심장, 간을 중심으로 사역을 진행했다. 예수님의 이름으로 악한 영들을 불러내자 악한 영들은 나가지 않으려고 힘을 주며 버텼다. 아직 남아 있을 만한 이유가 있다는 듯 힘을 주는 영들이 괘씸했다. 사실 회개가 충분한 상태에서 악한 영들을 불러내면 쉽고 빠르게 떠나가지만 목사님의 경우 아직 회개가 조금 부족한 것 같았다. 그렇다고 질 수 없었기 때문에 우리는 더욱 강하게 보혈을 부으며 악한 영들을 꾸짖었다. 그러자 심장이 벌어지면서 낚싯줄처럼 칭칭 감고 있던 영들이 풀리기 시작했다. 머리와 뒷목으로 칼 같은 영이 빠져나가는 것이 보였고, 간에서도 머리카락 같은 영들이 빠져나갔다.

그렇게 2차 사역이 끝나자 목사님은 심장 부분의 사역을 받을 때 심장을 조이고 있던 악한 영들이 풀어지는 것을 느꼈다고 하시며 매우 기뻐했다. 본인이 영들이 풀어지는 것을 체험하면 확신이 서고 신이 날 수밖에 없다. 그만큼 악한 영들과의 싸움에서 승리하는 것은 정말 기쁜 일이다. 내담자가 영적인 현상을 함께 느끼고 공감하면 사역자도 기쁘고 사역하기도 더 좋다. 목사님은 기뻐하며 다음 사역 날짜를 잡고 귀가했다.

사역을 마친 그 주에 목사님은 부흥회를 인도해야 했다. 감사하게도 전처럼 넘어지거나 쓰러지지 않았다고 했다. 그 소식을 들은 우리도 함께 주님의 은혜에 감사드렸고, 영적 싸움이 얼마나 중요한지 다시 한 번 깨달았다. 악한 영들은 하나님의 백성을 힘들게 만들어 죽음에 이르게 하려는 목적만을 품은 굉장히 지혜롭고 생각보다도 강력한 존재들이다. 이런 악한 영들의 공격 속에서 반격하기는커녕 방어하지 못하고 넋 놓고 당하기만 한다면 너무 억울한 일 아닌가.

그러나 우리가 죄로 더러워져 있으면 악한 영들과의 싸움에서 절대로 승리할 수가 없다. 오히려 그 죄 가운데 다스리는 악한 영의 명령에 따를 수밖에 없다. 그렇기 때문에 예수 그리스도의 은혜를 의지하여 날마다 회개하고 깨끗해지기를 힘쓰며 최선을 다해 이 싸움에 임해야 하는 것이다. 악한 영들은 우리를 죽일 각오로 덤벼들기 때문에 우리 또한 죽을힘을 다해 실제 군인처럼 싸워야 한다. 실제 군인과 같은 모습이 되어야 악한 영들과의 싸움에서 승리할 수 있다. 나는 모든 하나님의 자녀가 사탄을 이기신 예수 그리스도의 권세를 힘입어 악한 영들과의 싸움에서 승리하고 그 승리의 기쁨을 누리기를 소망한다.

"너희가 죄와 싸우되 아직 피흘리기까지는 대항하지 아니하고"(히 12:4).

그 후 목사님은 더 좋은 얼굴로 세 번째 사역을 위해 센터를 방문했다. 그리고 자녀에 관한 고민을 털어놓기 시작했다. 아들이 본인보다도 더 혈기가 충만하다는 것과 딸이 영적, 육적으로 상태가 매우 좋지 않다는 것이었다. 자신이 하나님의 은혜를 경험을 해보니 자녀들도 회개에 동참하여 사역을 받기 원했다. 자녀들이 자유함을 얻기를 바랄 뿐만 아니라 그 후대를 생각할 때도 회개가 얼마나 중요한지 알았기 때문이었다. 자신의 죄를 온전히 끊지 않으면 그 죄성은 계속해서 후손에게 내려간다는 것을 깨달은 것이다(출 20:5).

다음 사역에는 자녀들과 함께하기를 바라며 본격적으로 사역이 시작되었다. 영적인 눈으로 살펴보니 부어 있던 간이 정상이 되었고, 심장에 감겨 있던 영들도 많이 풀어져 나가 빈 곳이 보이기 시작했다. 끝까지 남아 있던 영들을 열심히 불러내자 주님의 은혜로 영육간의 상태가 확연하게 호전되는 것이 보였다.

그렇게 일주일이 지나자 놀랍게도 목사님이 딸과 함께 센터를 찾아왔다. 동행한 가족의 증언으로는 집에서 혈기 대장으로 유명하던 아버지가 자상하게 바뀌었다는 것이다. 무슨 일이 일어났을 때 전처럼 혈기를 부리는 것이 아니라 오히려 온유하게 반응하며 기도한다는 것이었다. 목사님은 이런 이야기를 들으며 빙그레 웃었다. 이 모습에 사역자인 나도 덩달아 기분이 좋아졌고 하나님께 드리는 감사가 저절로 나왔다.

목사님이 철저히 가슴을 찢고 회개하여 안과 밖에서 변화가 일어난 것이다. 누구보다도 가족에게 변화된 모습을 인정받는 것은 참으로 어려운 일이다. 그런데 그 어려운 일이 일어난 것이다.

마지막 사역에서 목사님이 회개를 시작하자 심장과 머리와 간에서 가느다란 풀뿌리 같은 남아 있던 영들이 뿌리까지 올라와 나가는 것을 확인하며 사역을 마무리할 수 있었다. 목사님은 은혜를 받은 후에도 딸과 함께 회개하며 사역을 받았다.

이번에도 역시 치유의 은혜는 심령의 변화가 선행되었다. 변화된 목사님의 모습을 보고 가족도 그렇게 기뻐했는데 하물며 하나님 아버지는 얼마나 기뻐하시겠는가. 사역자는 바로 이런 귀한 열매를 맺을 때 기쁨을 맛본다. 모든 영광을 주님께!

사역을 마친 뒤 목사님은 세계 여러 나라와 전국 곳곳을 다니며 건강한 모습으로 복음 증거에 더욱 힘쓰고 있다. 하나님은 각자 받은 사명에 맞게 은사를 주시지만 악한 영들은 이 은사를 가리고 왜곡한다. 우리는 이 악한 영들로 인해 은사를 제대로 발휘하지 못하고 하나님의 영광을 온전히 드러내지 못한다. 악한 영들을 제거하면 그전보다 훨씬 더 활발하게 사역할 수 있다. 목사님은 이후에도 선교를 갈 때마다 꼭 문자를 보내온다. 우리는 서로 기도의 동역자가 되었다.

영의 역사는 우리의 의지로 이길 수 없다(롬 6:16). 우리는 악한 영들에게 지는 것이 아니라 거룩한 성령에 붙들려 하나님의 뜻대로 살아야 한다. 그런 삶을 살기 위해 성령 충만해야 하며, 우리 삶에서 악한 영을 하나씩 하나씩 쫓아내야 한다.

이러한 영적 전쟁은 회개에서 시작하며, 영적 전쟁에서 승리했을 때 치유받을 수 있다. 이처럼 치유는 영적 전쟁에서 취한 전리품과 같다. 영적 전쟁에서 승리하여 얻을 수 있는 열매는 우리가 생각하는 것보다 많고 영광스럽다.

4. 다섯 걸음도 걷기 힘들어요

　E 권사님은 규모 있는 교회에서 여성 회장을 맡아 열정으로 교회를 섬기는 분이었다. 권사님은 목사님과 사람들에게 인정을 받으며 교회 일에 헌신하는 것을 삶의 기쁨으로 여기고 살았다. 그러나 서서히 진행된 척추 측만증으로 어떤 활동도 할 수 없게 되었다. 몸에 질병이 찾아오자 심령 또한 상해갔다.
　척추 측만층 증상은 여러 가지로 나타나는데 권사님의 경우 척추가 크게 비뚤어져 갈비뼈까지 돌출되었고, 이로 인해 허리를 아예 구부릴 수 없게 되었다. 표면상으로 보면 양쪽 엉덩이의 위치가 달랐고, 한쪽 엉덩이는 위로 올라가 돌출되어 보였다. 증상이 점점 심해져 걸음을 걷기가 어려워지더니 이내 이를 악물고 걸어도 다섯 걸음 정도 걷다가 주저앉는 상태까지 이르렀다. 수술이 너무나도 절박한 상황에서 권사님은 병원을 찾아가 수술 예약을 한 뒤 작정 기도를 하던 중 우리 센터에서 사역을 받았던 한 전도사님의 소개로 오게 되었다.
　권사님이 센터까지 오는 것이 쉽지 않은 걸음이었음을 알기에 우리 팀은 더욱 마음을 다했다. 우리 팀이 권사님에 대해 미신 성향을 진단하자 꽤 높은 수준으로 나왔다. 우상숭배의 영들은 온 몸에 있지만 특히 머리에 집중적으로 포진되어 있었다. 일반적으로 우상숭배의 영들은 뇌를 많이 공격한다. 뇌는 다른 신체 부위에 명령을 내리는 중추적인 역할로 매우 중요하다. 명령 체계인 뇌에 영이 많으면 은혜의 통로가 차단될 뿐 아니라 생각과 행동을 지배하기 때문에 매우 위험하다.

그렇기 때문에 우리 센터는 우상숭배의 죄를 회개하는 사역을 중점적으로 진행한다. 지금까지 사역해본 결과 우상숭배의 죄와 관련한 사역을 한 뒤 개인의 죄에 대한 사역을 할 때 효과가 훨씬 더 좋았다. 즉 역사하시는 하나님의 능력과 은혜가 더욱 강력해진다. 우리나라는 우상숭배가 강한 나라이기 때문에 우리나라 사람이라면 우상숭배에 관한 회개와 사역은 필수다.

이어서 척추를 중점으로 온 몸을 진단해보니 척추 뼈는 크게 어긋나 굉장히 고통스러울 것처럼 보였다. 이 어긋난 척추 속을 가만히 들여다보니 많은 영이 박혀 있었고, 그 중 교만의 영과 혈기분노의 영이 강하게 자리 잡고 있는 것이 보였다.

진단을 마치고 상담하는 과정에서 권사님의 말씀을 들어보니 마음속에 교회에 대한 큰 상처가 분노와 함께 깊이 자리 잡고 있었다. 공동체 생활을 하다 보면 크고 작은 일이 많이 일어나기 때문에 그러려니 하며 잘 넘어갈 수 있었지만 목사님과 관련된 일은 그렇지 않았다. 성도로서 목사님과의 문제는 넘기 어려운 골짜기와 같았다. 권사님은 목사님과 마찰이 생기고 오해가 점점 커지면서 목사님에 의해 교회에서 출교를 당하게 된 것이었다. 이 일로 권사님의 마음과 생각은 목사님에 대한 미움과 증오로 사로잡혔고, 메마른 광야에서 울부짖는 짐승과 같은 신앙생활을 할 수밖에 없었다.

얼마나 안타까운 일인가. 나는 목회자로서 이 사연이 더욱 안타까웠다. 일의 정당성을 떠나서 생명의 문제만 생각해보면 너무 아찔한 것이었다. 나 또한 목회를 돌아볼 때 나로 인해 실족한 영혼은 없는지 두려운 마음으로 생각하게 된다. 부족한 나는 겸손하게 무릎을 꿇을 수밖에 없다.

"그가 이 작은 자 중의 하나를 실족하게 할진대 차라리 연자맷돌이 그 목에 매여 바다에 던져지는 것이 나으리라"(눅 17:2).

권사님의 상태가 매우 좋지 않아 진단 사역과 상담을 마치고 바로 사역을 진행했지만 이내 중단할 수밖에 없었다. 권사님은 아직 악한 영들과 분리되고 싶어 하지 않는 상태였다. 즉 회개가 되지 않았기 때문에 악한 영들은 불러내도 전혀 움직이려 하지 않았다.

이런 상황에서 사역자는 주님이 주신 권능으로 억지로 악한 영들을 내쫓을 수도 있지만, 한번 자리 잡은 악한 영들은 이를 악물고 잘 나가려고 하지 않을 뿐더러 죄가 남아 있으면 악한 영은 반드시 다시 그 자리로 돌아온다. 악한 영들은 회개를 통해 쫓겨 나갔다가도 다시 돌아와 주변에 있으면서 다시 들어갈 틈을 노린다. 그러므로 진정한 회개가 함께 이루어지지 않으면 축사 사역을 받은 후에도 죄성 또한 파릇하게 살아 있어 같은 죄를 반복할 수밖에 없게 된다. 그렇기 때문에 다시 예전 상태로 돌아가게 되는 것이다. 회개가 동반되지 않은 채 사역자의 영적인 능력으로 축사 사역을 진행하는 경우도 있지만 이런 경우 일회적인 성격이 강하다고 볼 수 있다. 문제를 근본적으로 해결하려면 주님 앞에서 죄를 먼저 회개해야 함을 명심해야 한다.

나는 먼저 권사님이 마음을 내려놓고 회개할 수 있도록 도왔다. 우상숭배의 죄에 대해 그리고 진단받은 영들과 관련한 죄를 설명하고 회개의 방법을 알려드렸다. 감사하게도 권사님은 모든 것을 인정하면서 순종하기로 하셨다.

일주일 동안 회개의 시간을 보내고 나서 첫 번째 사역을 시작했다. 성령님의 인도하심이 있어 먼저 말씀을 폈다. 권사님이 목사님을 용서하려면 강력한 하나님의 말씀이 필요했다. 주님은 먼저 권사님의 마음이 열리기 원하셨던 것이다.

"진실로 너희에게 이르노니 무엇이든지 너희가 땅에서 매면 하늘에서도 매일 것이요 무엇이든지 땅에서 풀면 하늘에서도 풀리리라"(마 18:18).

"너희가 각각 마음으로부터 형제를 용서하지 아니하면 나의 하늘 아버지께서도 너희에게 이와 같이 하시리라"(마 18:35).

나는 권사님과 함께 이 구절을 읽고 이 말씀에 대해 어떻게 생각하는지 여쭤보았다. 권사님은 말씀은 틀린 것이 없다고 하시며 용서의 절대적 필요성을 인정하셨다. 나는 말씀에 비추어 다시 권사님께 말씀드렸다.

"목사님도 사람이기 때문에 때론 실수도, 잘못도 할 수 있습니다. 먼저 권사님 자신을 위해서라도 목사님을 용서하시고 축복하세요."

그러나 상처받은 권사님의 마음은 말씀대로 행하기가 어려웠다. 여전히 목사님을 용서하지 못했다.

"내가 어떻게 용서해요! 나는 도저히 용서할 수 없어요! 용서할 수 없어요!"

나는 다시 한 번 기도를 드리고 말씀드렸다.

"말씀에 따르면 권사님이 용서하시지 않으면, 권사님의 죄도 용서받기 어려워요. 그러니 죄는 미워하더라도 권사님 자신을 위해서 권사님의 마음과 입술로 목사님을 용서하셔야 해요. 그 고백을 주님이 하늘에서 들으시고 권사님의 죄를 사해주실 것입니다."

결국 권사님은 어깨를 흔들며 통곡하기 시작했다. 권사님은 그렇게 한참을 운 뒤 눈물을 닦으며 이렇게 물었다.

"목사님, 제가 어떻게 하면 될까요?"

결국 강력한 하나님의 말씀이 권사님의 마음을 바꾸셨다. 주님의 마음이 느껴지면서 그 마음처럼 나도 너무나 기뻤다. 나는 하나님께 감사드리고 난 후 권사님께 나를 따라 고백하게 했다.

"하나님 감사합니다. 목사님이 했던 모든 일을 다 용서합니다. 그리고 목사님을 축복해주세요."

울면서 이 고백을 따라하는 권사님의 모습이 마치 순한 양 같았다. 용서하는 모습이야말로 하나님의 자녀다운 아름다운 모습이다.

내가 다시 한 번 축복 기도를 하고 나서 보니 권사님의 얼굴이 그제야 환해졌다. 남의 허물을 덮어주고 잘못을 용서하는 것은 얼마나 아름다운 일인가? 용서는 하나님에게서 나오는 것이다. 용서하고 사랑하는 것이야말로 하나님의 자녀가 받은 권세이자 특권이다. 용서란 하나님의 마음을 품는 것이기 때문이다. 나도 항상 용서하기를 힘쓰고 있다. 우리는 아버지 하나님의 성품을 닮아가길 힘쓰며 성령의 열매를 맺어야 한다.

우리 가슴속에 상처와 미움, 증오가 깊이 남아 있으면 이것은 쉽게 혈기분노로 표출되고, 질병을 일으키는 직접적인 원인이 되기도 한다. 찰스 크래프트는 자신의 책 『깊은 상처를 치유하시는 하나님』에서 대부분 의사는 육체적 질병의 80퍼센트 이상이 감정적인 문제에서 비롯된다는 사실을 인정한다고 말했다. 그 감정은 용서하고 용서받는 것에서 시작하여 해결에 이르게 되는 것이다. 자신이 미워하는 사람을 용서하고 하나님께 용서받는 것이 중요하다는 것이다.

하나님이 우리에게 항상 기뻐하고 감사하며 원수까지도 사랑하라고 하신 것은 그러한 삶의 모습이야말로 우리에게 가장 선하고 건강한 모습이기 때문이다. 우리 영혼뿐만 아니라 건강과도 직결된 말씀이라는 것이다. 사랑하고 감사하며 기뻐하는 생활을 하면 영혼이 유익을 얻을 뿐만 아니라 면역력도 상승해 어떤 질병이 찾아와도 이길 수 있다. 용서하고 용서받는 것은 최고의 치료제다.

"모든 지킬 만한 것 중에 더욱 네 마음을 지키라 생명의 근원이 이에서 남이니라"(잠 4:23).

권사님이 용서하기로 고백한 다음 우리는 본격적인 사역을 시작했다. 먼저 우상숭배의 죄에 대한 회개와 사역이 이루어지자 온 몸에서 영들이 올라오기 시작하는데, 특히 머리에서 많은 영이 표출되었다. 제법 굵기가 있는, 머리를 감싸고 있던 제사의 영, 부처의 영, 무당의 영이 쫓겨나갔다.

권사님은 사역을 받는 동안 한쪽 방향으로 엎드린 채 꼼짝을 하지 못했다. 허리가 좋지 않아 다른 방향으로 돌리기 위해 자주 움직였는데, 그러자니 시간도 많이 걸렸고, 움직임 자체를 너무나 고통스러워하는 모습을 보자니 안쓰러웠다. 그래서 우리는 더욱 열심히 사역했다. 우리는 사역하는 동안 진단된 영들을 하나씩 하나씩 불러내는데, 이렇게 악한 영의 이름을 부르는 것은 축사 사역을 배로 강력하게 한다. 척추와 허리에 묶여 있는 영들을 하나하나 불러내자 구렁이의 형상을 한 교만의 영과 혈기 분노의 영, 불순종의 영 등이 조금씩 풀리기 시작했다.

이렇게 한 시간 정도 사역을 하고 나자 갑자기 권사님이 어떤 확신이 들었는지 벌떡 일어나셨다. 그러고는 기쁨에 찬 얼굴로 다리를 들어 보기도 하고 일어나서 왔다 갔다 움직여도 보았다. 묶여 있는 영들이 풀어져 나가자 자유함이 임한 것이다. 치유가 즉시 이루어진 것이다. 할렐루야! 나도 얼마나 놀랐는지 모른다. 체험해본 사람은 이 기쁨이 얼마나 큰 것인지 안다. 처음에는 다섯 걸음도 걷기 힘들어 2층에 있는 교회 센터도 부축을 받아 간신히 왔었는데, 사역을 마치고 나서는 비교적 자유롭게 걸어 나갈 수 있었다. 온전하게 치유받는 것은 시간문제였다.

나는 사역자로서 치유가 이루어진 자체도 정말 기쁘지만, 무엇보다 기쁜 것은 하나님의 자녀가 죄악과 미움을 버리고 올바른 길로 돌아서는 것이다. 주님 말씀을 따라 자신을 깨뜨리며 내려놓는 회개를 통해 결국 치유의 축복을 끌어당기는 것이다.

시간이 되어 우리는 3차 사역을 시작했고, 척추 부위의 사역을 집중적으로 진행했다. 영들을 살펴보니 다른 영들에 비해 큰 영이 척추와 아랫배 부근까지 감겨 있었다. 이 영의 정체는 부처의 영이었다.

영의 크기가 워낙 컸기에 잠시 사역을 멈추고 이 영에 대해 설명을 했다. 그러자 권사님은 놀라운 고백을 했다. 권사님의 어머니가 절을 짓는 데 돈을 바친 정도가 아니라 절 하나를 통째로 지었다는 것이다. 권사님의 어머니는 이 죄를 회개하지 않았고, 그로 인해 부처의 영이 권사님에게 그대로 내려와 있던 것이었다.

부처의 영은 권사님의 몸에 기생하며 질병을 포함한 모든 부분에 악한 영향력을 끼치고 있었다. 30여 년을 교회에 다니며 충성하고 헌신했던 권사님이라고 할지라도 철저히 회개하지 않았기 때문에 지금까지 이 악한 영과 함께 살았던 것이다. 참으로 끔찍한 일이다. 그런데 이것은 누구에게나 일어날 수 있는 영적인 현실이다. 나 또한 우상숭배의 죄를 회개하면서 내 안에 있는 영들이 나가는 것을 보고 느꼈을 때 얼마나 소름이 돋았는지 모른다. 우리의 원수는 마귀다. 오랫동안 교회를 다닌다고 해서 모든 영적 문제가 해결되지 않는다.

이렇게 악한 영이 자리를 잡는 데는 그 자릿값이 필요하며, 값이 큰 만큼 더 크고 많은 영이 더 큰 집을 짓고 산다. 그 값은 죄의 값이다. 성경의 원리에 따라 본인이나 3-4대 이내의 가족이 큰 죄를 짓거나 오랜 기간 습관적으로 지은 죄가 쌓이면 그 값은 커진다. 그 중 특별히 무서운 것은 바로 우상숭배이다. 이 3-4대의 죄의 고리를 회개로 끊지 않으면 그 고리는 마치 쇠사슬처럼 계속해서 이어지게 되는 것이다.

이렇게 자리 잡은 영들은 자신과 관련한 죄를 계속 더 짓게 만들며 더 많은 영을 끌어당긴다. 바늘 도둑이 소 도둑이 되는 격이다. 이렇게 악한 영들의 힘이 강해질수록 공격 또한 강해지는 것이다. 악한 영들로 인해 건강이나 환경에 두드러지게 큰 문제가 생기는 것은 이런 이유 때문이다. 이처럼 악한 영들의 공격 자체가 전략적이기 때문에 우리 또한 전략적인 회개를 통해 영적 싸움에 돌입해야 한다. 전략적인 영적 싸움의 시작은 이 영의 자릿값이 무엇인지 아는 것, 즉 악한 영의 정체를 밝히는 것이다.

나는 권사님께 이러한 영적 원리를 잠깐 설명 드리고 권사님의 어머니가 절을 지은 죄를 회개하게 했다. 정체가 밝혀진 영들을 불러내며 다시 사역하자 이 부처의 영들이 마치 시골 굴뚝에서 청솔가지를 때는 것처럼 시커먼 연기 모양으로 빠져나갔다. 나는 이 큰 영이 끝까지 나가는지 계속해서 지켜보았다.

그런데 금불상으로 보이는 부처의 영이 뒤로 돌아선 채 우리를 보고 있는 것이 아닌가. 순간 온 몸에 소름이 돋았다. 큰 영일수록 끝까지 나가는지 지켜보아야 하는 이유가 이 때문이다. 악한 영들 중에는 나가는 척만 하는 것도 있기 때문에 완전히 떠나가는지 끝까지 지켜보아야 한다. 그렇기 때문에 축사 사역을 하려면 영안이 열리는 것이 매우 중요하다.

나는 더욱 소리를 높여 악한 영을 예수의 이름으로 강하게 꾸짖고 십자가로 쫓아냈다. 그러자 주님은 나에게 권사님의 척추가 움직이는 환상을 보여주셨다. 권사님의 척추가 마치 연체동물처럼 움직이더니 이내 정상으로 들어맞는 것이었다. 사역을 어느 정도 마무리한 후 나는 더욱 확신을 가지고 주님께 보혈의 은혜를 구하면서 척추와 허리가 강건하게 될 것을 예수 이름으로 선포했다. 악한 영이 빠져나간 뒤 예수 이름으로 아픈 부위가 치유될 것을 믿음으로 명령하면 성령의 역사하심으로 회복이 이루어진다. 축사 사역을 하는 중에 질병이 치유되는 경우도 있지만 치유 사역은 축사 사역을 하고 나서 진행해야 한다.

권사님은 사역이 끝나자마자 몸이 가벼워졌다고 말씀하시면서 기쁨과 부푼 기대로 몸을 이리저리 움직여보았다. 몇 주 전까지만 해도 다리를 제대로 들 수 없었고, 걷기는커녕 누군가 붙잡아주지 않으면 일어설 수도 없었다. 그런데 이제는 언제 그랬느냐는 듯 다리가 가볍게 들렸다. 또 앉았다 일어서기를 할 수 있었고 자유롭게 걸을 수도 있었다. 완전히 치유된 것이다. 우리 사역팀과 권사님은 서로 너무나 신기해했고, 권사님은 기쁨에 겨워 끊임없이 감사의 말을 했다. 지금도 기쁨에 찬 그 얼굴이 생생히 기억난다. 너무나 감격스럽고 놀라운 나는 그저 하나님께 영광을 돌릴 수밖에 없었다. 그렇게 사역을 마치고 나니 천사가 내려와 권사님에게 꽃다발을 주고 머리에 화관을 씌워주었다. 척추 측만증을 치유하기 위한 사역은 그렇게 마무리되었다. 치유를 받은 권사님은 예약했던 수술을 취소했다.

나는 병원에서 수술을 받기 전 믿음으로 주님께 엎드리기를 선택한 권사님의 믿음이 대단하다고 생각한다. 사역 이후 권사님의 소식을 들으니 다섯 걸음조차 걷기 어려웠던 권사님이 자유롭게 등산도 하고 여행도 다니면서 행복하게 지내신다는 것이었다. 그리고 다시 열정을 회복해 교회에도 충성을 다하고 계신다고 했다. 나는 지금도 역사하시는 하나님의 은혜와 능력에 감사하며 겸손히 엎드릴 수밖에 없었다. 또한 나를 사역자로 부르시고 주의 종으로 사용하여주심에 깊이 감사드릴 수밖에 없었다. 사역을 마치고 나서 내가 조금 더 바라는 것이 있다면 문제가 해결되었다고 해서 회개를 내려놓지 말고 주님 앞에 가는 날까지 겸손히 엎드리는 것이다.

　나는 하나님의 능력이 얼마나 강력한지, 회개의 능력이 얼마나 강력한지 경험할 수 있는 것이 얼마나 감사한지 모른다. 이렇게 부족한 나를 통해서도 하나님의 기적이 일어나니 더욱 감사하다. 나는 모든 사람에게 마음을 열고 회개의 길로 들어오라고 소리치고 싶다. 전능하신 하나님은 살아계시며 우리 가까이에서 이렇게 손을 뻗고 계시지 않은가. 우리 모두 문제만 바라보고 있던 두 눈을 들어 하나님을 바라보고, 그분이 지금 나에게 어떤 일을 이루고자 하시는지 알기를 바란다. 우리에게 손을 뻗고 계신 주님을 바라보자. 기적의 주인공은 바로 우리 자신이 될 것이다.

5. 종합 병원

이전부터 친분이 있던 A 권사님은 우리 센터가 영적 사역을 한다는 소식을 듣고 친구 전도사님과 함께 센터를 방문했다. 권사님은 내가 알던 분이었는데 오랜만에 만나게 된 것이다. 그러나 권사님의 상태는 매우 심각해 보였다. 얼굴 근육이 틀어져 입의 모양이 약간 일그러지고 말도 어눌했다. 게다가 뇌경색과 당뇨, 오줌소태까지 온 몸에 고통을 겪고 있었다. 권사님의 건강 상태는 종합병원과 같았다. 세브란스 병원에서 여러 번 진찰과 치료를 받았는데도 전혀 차도가 보이지 않았다. 게다가 경제적으로도 어려웠다. 가정의 많은 문제를 권사님이 홀로 해결해야 하는 상황이었다. 권사님이 감당하기에 너무 큰 어려움으로 인해 삶의 소망을 잃어버린 상태였다. 깊은 우울감이 엄습하여 모든 것을 포기하고 싶은 지경에 이른 것이다. 우리 팀이 권사님에 대해 영적 진단을 했다. 영적으로 보아도 상태는 매우 심각했다.

먼저 뇌에 강한 우상숭배의 영이 매우 많았다. 가문이 제사도 많이 지냈을 뿐 아니라 권사님의 조모가 무당이었던 것이다. 다른 어떤 죄보다 심각한 죄가 바로 우상숭배의 죄다. 우상숭배의 죄를 특히 더 회개해야 하는 이유는 하나님이 가장 싫어하시는 죄이기 때문이다.

"자기를 위하여 주상을 세우지 말라 네 하나님 여호와께서 미워하시느니라"(신 16:22).

우리가 겪는 고난이나 환란은 대개 영광스러운 고난이 아니라 우상숭배를 통해 들어온 악한 영들의 역사로 일어나는 것이다. 억울한 고난을 당하는 것이다.

"그들의 우상들을 섬기므로 그것들이 그들에게 올무가 되었도다"(시 106:36).

우리나라의 경우 열조가 지은 우상숭배 죄에서 자유로운 집안이 없다. 우리는 열조들과 자신이 지은 죄악으로 말미암아 영적 상태가 좋지 않음을 인정하고 회개에 힘써야 한다.

진단된 내용을 살펴보니 특히 머리에 혈기 분노의 영, 자기 의를 내세우게 하는 영, 걱정근심의 영, 망하게 하는 영이 강하게 박혀 있었고, 가슴과 간, 방광, 심장에까지 많은 영이 있는 것이 보였다. 전체적으로 우상숭배의 영과 더불어 혈기분노와 걱정근심의 영이 강한 상태였다. 이번에도 질병과 함께 혈기분노의 영이 끈질기게 붙어 있었다.

안타까운 것은 권사님은 하나님의 은혜도 많이 체험했고, 교회에서 여성 회장도 역임하면서 헌신하고 봉사하며 열심히 신앙생활 하는 분이라는 점이었다. 권사님은 자기 삶을 돌아보면 도리어 하나님의 영광을 가리는 것 같아 너무 슬프고 답답하다고 했다. 겉으로 보기에는 하나님을 열심히 섬기는데도 삶에 큰 어려움이 닥쳐와 권사님과 가정을 매번 넘어뜨렸다. 얼마나 답답한 상황인 것인가. 영육간의 모든 문제가 은혜를 받고 열심을 다하는 것으로 해결되지 않았다. 그저 인생을 버티기에도 버거울 정도였다.

이처럼 마귀는 죄의 통로를 타고 우리 속으로 몰래 들어와 몸과 삶을 망가뜨려 주님의 축복을 도적질한다. 우리의 진짜 원수는 마귀다. 마귀는 하나님의 보호를 뚫고 들어오는 것이 아니다. 하나님의 보호하심은 온전하기 때문이다. 마귀는 하나님의 보호하심을 벗어난 곳을 공격한다. 즉, 죄가 있는 곳이다. 죄로 인해 마귀의 공격이 합법적인 것이 되기 때문이다.

그렇기 때문에 우리는 마귀가 공격하는 합법적 통로인 죄를 예수 그리스도의 보혈의 능력으로 파괴해야 한다. 예수 그리스도가 베푸시는 가장 큰 능력 중 하나는 바로 죄와 마귀를 파하는 것이다. 마귀는 자신을 대적하는 자를 피한다(약 4:7). 반대로 마귀를 대적하지 않는 자에게는 간교한 얼굴을 하고 찾아간다. 그러나 회개함으로 하나님 말씀 앞에 나아가 순종의 자리에 선다면 주님의 보호하심을 받으며 풍성한 생명을 얻게 된다. 이런 사실을 안다면 어떻게 회개하지 않을 수 있겠는가.

"도둑이 오는 것은 도둑질하고 죽이고 멸망시키려는 것뿐이요 내가 온 것은 양으로 생명을 얻게 하고 더 풍성히 얻게 하려는 것이라"(요 10:10).

권사님은 진단받은 문제들을 인정하고 회개 사역에 적극적으로 참여했다. 우리가 처한 상태가 얼마나 어려운지 상관없이 하나님은 우리가 죄에서 돌이켜 회개할 때 용서하시고 고치시겠다고 이미 약속하셨다.

"악인은 그의 길을, 불의한 자는 그의 생각을 버리고 여호와께로 돌아오라 그리하면 그가 긍휼히 여기시리라 우리 하나님께로 돌아오라 그가 너그럽게 용서하시리라"(사 55:7).

"내 이름으로 일컫는 내 백성이 그들의 악한 길에서 떠나 스스로 낮추고 기도하여 내 얼굴을 찾으면 내가 하늘에서 듣고 그들의 죄를 사하고 그들의 땅을 고칠지라"(대하 7:14).

권사님은 일주일 동안 회개했는데, 회개할 때마다 몸의 여러 부분이 아파서 힘들었다고 했다. 사실 권사님의 영적 상태를 보면 당연한 일이다. 전에도 말한 것처럼 회개할 때 우리 몸속에 있던 악한 영들이 몸과 뼈에서 분리되려 하는데 그때 통증을 느끼는 것이다. 사람은 영적이기 때문에 누구든지 영적인 것을 실제로 느낄 수 있다. 통증의 강도는 영적인 사람일수록 더 크게 느낀다.

권사님은 내 설명을 듣고 자신의 죄가 많아서 그런 것이라며 인정했다. 사역은 보통 1시간에서 1시간 30분 정도가 걸리는데 사역을 시작하자마자 권사님은 구토하고 많은 가래와 침을 뱉었다. 중간중간 호흡이 곤란할 정도였다. 영들을 살펴보니 뒷머리 부분에 비녀를 꽂은 듯 보이는 손가락만 한 굵기의 무당의 영이 혈기의 영과 함께 강하게 박혀 있는 것이 보였다. 천사를 명하여 악한 영을 뽑아내자 악한 영들이 수없이 풀어져 나갔다. 권사님은 사역받는 도중 고통스러워 몸을 비틀거나 다리를 꼬며 가만히 있지 못했다. 그래도 최선을 다해 회개하는 모습에 우리도 힘을 냈다.

특별히 입과 뒷목에 연결된 영이 보였는데 이 영이 얼굴을 잡아당겨 변형시키고 말도 어눌하게 만든 것이다. 이 영들을 불러내자 바로 쫓겨나갔다. 그 모습을 보니 속이 후련했다. 권사님의 회개가 잘 이루어졌는지 영들이 잘 나가는 편이었다. 이렇게 내담자가 충분히 회개하고 사역을 받으면 악한 영들이 잘 쫓겨나간다. 그런 모습을 보면 사역자도 기분이 좋아진다. 당연히 주님은 더 기뻐하신다.

그렇게 1차 사역을 마치고 권사님의 얼굴을 본 우리 팀은 놀라지 않을 수 없었다. 방금 전까지만 해도 일그러졌던 얼굴이 펴져 입이 제자리로 돌아왔고 얼굴에 화색이 돌고 있었다. 얼굴 근육이 정상으로 돌아오니 어눌했던 발음도 정상이 되었다. 할렐루야! 주님이 기적을 베푸셔서 즉시 치유가 된 것이다. 주님의 능력으로 은혜가 충만해진 권사님의 얼굴은 마치 천사의 얼굴처럼 환해졌다.

이를 통해 나는 악한 영이 우리 몸에 들어와 근육을 당기거나 일그러뜨리고 변형도 시킨다는 것을 확인할 수 있었다. 이와 비슷하게 뼈에 영이 많이 박혀 있으면 뼈와 관련한 질병들이 찾아오는 것이다. 이런 영적 사실을 고려해보면 병원에서 치료를 받는 것도 중요하지만 영적인 부분에서 치료를 받는 것 또한 너무나 필요하다. 우리는 이제 더는 질병의 고통에 눌려 있지 말고 보혈의 강으로 뛰어들어 죄의 더러움을 씻고 새로운 은혜를 힘입어야 한다. 하나님의 능력 안에서 회복을 누릴 때 우리는 이 땅에서 천국의 기쁨을 누릴 수 있다. 최고의 의사는 우리를 만드시고 다스리시는 하나님이시다.

권사님은 재빨리 거울로 자신의 모습을 확인했다. 자신의 얼굴이 정상으로 돌아온 것을 보자 권사님은 아이처럼 기뻐했다. 센터에 같이 온 전도사님도 이 과정을 지켜보면서 하나님이 베푸신 기적을 놀라워하고 기뻐했다. 우리는 한마음이 되어 진심으로 할렐루야를 외쳤다.

이렇게 기적을 체험한 권사님은 회개의 영적 싸움에 더욱 적극적으로 참여했다. 먼 거리도 마다하지 않고 순종하며 달려왔다. 잃어버렸던 하나님의 은혜를 회복하고 열심히 회개했다. 축복을 받는 사람들의 공통적인 특징은 바로 적극적으로 순종하는 자세다. 그렇게 할 수 있는 이유는 하나님을 절대적으로 신뢰하기 때문이다.

주변 사람들에게 아무리 이러한 은혜를 전해도 회개의 자리에 동참하는 것조차 꺼리는 사람들이 많다. 그렇기 때문에 이렇게 회개의 자리에 있는 것 자체가 하나님의 은혜이자 축복이다. 가슴을 찢으며 회개하는 것은 방언으로 기도하는 것보다 더 깊고 힘든 기도다. 그리고 사람은 일반적으로 회개하기를 좋아하지 않는다. 그러나 하나님은 한 사람이 진심으로 회개하며 주님께 돌아오는 것을 가장 기뻐하신다. 반대로 마귀는 회개하는 것을 가장 싫어한다. 이런 영적 원리를 체험하고 깨닫는다면 회개만큼 즐거운 기도가 없음을 알게 될 것이다.

하나님의 치유를 체험한 권사님은 첫 번째 사역 과정을 모두 마치고 바로 두 번째 사역 과정인 쓴 뿌리 사역을 하기 원했다. 기본적인 쓴 뿌리 사역은 우상숭배를 했던 죄를 더 깊이 회개하고 그와 관련한 악한 영들을 쫓아내는 것이다. 우리 안에 내재하는 이 쓴 뿌리는 자신뿐만 아니라 공동체에도 어려움을 끼친다. 그렇기에 이 사역은 매우 중요하다.

"너희 중에 남자나 여자나 가족이나 지파나 오늘 그 마음이 우리 하나님 여호와를 떠나서 그 모든 민족의 신들에게 가서 섬길까 염려하며 독초와 쑥의 뿌리가 너희 중에 생겨서"(신 29:18).

"너희는 하나님의 은혜에 이르지 못하는 자가 없도록 하고 또 쓴 뿌리가 나서 괴롭게 하여 많은 사람이 이로 말미암아 더럽게 되지 않게 하며"(히 12:15).

　권사님은 쓴 뿌리 사역에 대한 진단을 받고 주님의 말씀을 따라 더 깊이 회개했다. 그러던 중 회개만 하면 견딜 수 없는 통증이 팔에 엄습한다는 권사님의 연락을 받았다. 나는 전화를 통해 원격으로 사역했다. 영적으로 살펴보니 0.5센티미터 정도 되는 무당의 영이 떠올라 팔을 칭칭 감아놓은 것이 보였다. 예수의 이름으로 악한 영들을 명하니 썩은 새끼줄이 끊어지는 것처럼 뱀이 팔에서 떨어져 나가는 것이 보였다. 사역이 끝나자 권사님은 통증이 사라졌다고 했다. 그야말로 기적의 연속이었다. 사역을 하면서 나는 주님이 실로 살아계심을 더욱 절실히 느낀다. 원격 사역은 센터에 찾아올 수 없는 위급한 상황에서 하는 것으로 주로 전화를 통해 이루어진다.

　권사님은 그렇게 약 3주 정도 회개의 시간을 보내고 나서 다시 센터로 왔다. 쓴 뿌리 사역을 받으러 온 권사님의 얼굴에는 자신감과 소망으로 가득 차 있었다. 본격적인 사역에 들어가 악한 영들을 불러내자 권사님의 머리가 흔들리기 시작하며 매우 고통스러워했다. 머리부터 목까지 뿌리 내린 우상숭배의 영과 혈기분노의 영이 뽑혀 나가려 하는데 완전히 분리되지 않아 머리까지 덩달아 움직인 것이다. 우리 팀이 더욱 힘을 내어 악한 영들을 불러내자 놀랍게도 제사의 영들이 긴 상여 행렬을 하고 권사님에게서 떠나갔다. 무당의 영은 무당 옷을 겹겹이 입은 모습으로 보였는데 예수의 이름으로 명령하며 쫓아냈다. 권사님의 아랫배에도 영이 많았는데 그곳에 있는 영들을 불러내자 권사님은 다리를 흔들고 꼬기 시작했다. 영들은 정말 징그러울 만큼 많이 쫓겨나갔다.

　권사님은 몇 시간을 열심히 회개하며 악한 영들을 밀어냈고, 우리도 열심히 악한 영들을 쫓아냈다. 사역을 받은 권사님의 얼굴에는 화색이 돌았고 힘과 생기가 넘치는 것이 보였다. 소망에 찼고 자신감이 넘쳤다.

　사역을 마칠 무렵 주님이 나에게 환상 하나를 보여주셨다. 주님이 권사님에게 신부가 입는 흰색 드레스를 입혀주시는 모습이었다. 너무나 아름다운 광경이었다. 주님은 깊은 회개를 통해 쓴 뿌리를 제거하는 사역을 매우 기뻐하셨다.

　권사님은 쓴 뿌리 사역을 받고 나서 기쁜 마음으로 집으로 돌아갔다. 그런데 3일 후 우리는 권사님에게서 연락을 받았다. 뇌경색과 관련한 보험 문제로 병원에 가서 다시 MRI 촬영을 했는데 뇌경색이 없어졌다는 진단을 받았다는 것이다. 전에는 뇌의 죽은 부분이 검게 나타났는데 이제는 그 썩은 부분을 찾을 수 없다는 것이었다. 할렐루야! 기적이 계속 일어나고 있었다. 나는 주님께 큰 감사와 영광을 올려드렸다. 이런 영광스러운 일에 도구로 쓰임받았다는 것이 너무 기쁘고 감사했다. 우리 팀 모두 하나님께 영광을 돌렸다. 주님께 회개하며 무릎을 꿇으니 자신이 생각지도 못했던 질병까지 치유를 받은 것이다. 권사님은 농담 반 진담 반으로 보험금을 타는 대신 치유를 받았다며 기뻐했다. 주님은 살아계신다.

"나는 너희를 치료하는 여호와임이라"(출 15:26).

권사님은 지금까지도 회개하며 축복의 끈을 놓지 않고 있다. 이후에도 사역을 계속 받은 권사님은 오줌소태도 호전되었고, 당뇨도 처음으로 정상 수치까지 떨어졌다. 그 밖에도 셀 수 없이 많았던 삶의 문제가 하나씩 풀어지는 것을 체험하고 있다. 무엇보다 우상숭배의 앞잡이였던 무당 가문에서 회개함으로 벗어나 거룩한 하나님의 백성으로 거듭나고 축복을 경험하며 사는 것이 가장 큰 변화이고 기적이다. 권사님에게 그리고 권사님의 삶에 더 큰 축복이 임하길 소망한다.

거듭 강조하지만 전능하신 하나님은 지금도 살아계신다. 은혜의 하나님이 우리 앞에 계시므로 우리는 그분 앞에 겸손히 엎드려야 한다. 그 길이 가장 선하고 복된 길이다. 회개는 쉬운 일이 아니다. 그러나 악한 영에게 휘둘려 사는 삶과는 비교할 수 없을 만큼 자유로운 삶을 얻게 될 것이다. 나는 회개야말로 우리의 참된 십자가임을 확신한다.

"이는 내 멍에는 쉽고 내 짐은 가벼움이라 하시니라"(마 11:30).

주님의 십자가를 지고 가는 길이 생명의 길이다. 그리고 그것이 우리를 붙잡아주는 힘이고 능력임을 나와 많은 사람의 삶이 증명한다. 지금도 살아계시고 역사하시는 하나님 앞에 우리의 교만을 버리고 순종함으로 회개에 적극 힘쓰기를 소망한다.

심령 치유

1. 스트레스의 영

　B 사모님은 먼저 회개 사역에 동참하고 있던 남편 목사님을 따라 우리 센터를 찾아왔다. 사모님은 전반적으로 건강이 좋지 않았는데, 파리한 얼굴에다 기력도 없고 만성 소화 불량도 있었다. 딱히 큰 질병이 있는 것은 아니었지만 소화 불량과 비염, 안구 건조증 등 만성 질환이 있었다. 사모님의 상태를 진단해보니 제사의 영과 아버지에게서 내려온 영, 걱정 근심의 영, 스트레스의 영이 가장 강했다. 가정에는 자녀 문제와 물질 문제가 있었고, 현재는 이직했지만 이전 직장에서 받은 스트레스로 약한 몸이 더욱 악화된 상태였다. 심령에 기쁨과 감사의 물이 거의 고갈된 것으로 보였다. 영적으로 갈급한 상태였고, 은혜를 받고 싶지만 공급받을 곳이 마땅치 않은 상황이었다. 은혜를 그리워하면서도 움츠러든 상태였다.
　사람은 영적인 에너지가 매우 중요한데, 영적 에너지가 충만하면 상황에 상관없이 항상 기쁨과 감사가 있고 늘 생기가 넘친다. 영적 에너지를 빼앗는 것은 당연히 악한 영들이다. 가장 영향력이 큰 것은 우상숭배의 영이고, 두 번째는 걱정근심과 스트레스의 영이다. 기쁨과 감사는 그 심령이 영적 에너지로 충만하면 저절로 넘치게 되어 있다.

사모님은 전체적으로 눌려 있었고, 영적으로나 육적으로 많이 지쳐 있었다. 사모님 안에 큰 영이 있는 것은 아니었지만 작은 영이 매우 많았다. 우리는 문제를 일으키고 있는 영들을 중점으로 해결해보기로 했다.

여기서 잠깐, 우리의 일상 가운데 보편적으로 존재하는 스트레스에 대한 이야기를 하고 싶다. 나는 영적으로 열리기 전까지 일상에서 스트레스를 받는 것을 당연하게 생각했다. 스트레스가 생기면 그대로 받아들였다. 그런데 영들 중에 스트레스의 영이 있는 것을 알고 나서 스트레스 받는 것이 당연한 것이 아님을 알았다. 스트레스의 영은 주로 근심걱정이나 불안초조, 혈기분노의 영과 함께 들어오는 경우가 많다. 우리가 너무나 잘 아는 말씀인 데살로니가전서 5장 16-18절 말씀을 살펴보자.

"항상 기뻐하라 쉬지 말고 기도하라 범사에 감사하라 이것이 그리스도 예수 안에서 너희를 향하신 하나님의 뜻이니라"(살전 5:16-18).

하나님 자녀의 모습은 스트레스를 넘어 기쁨과 감사로 넘치는 모습인 것을 가르쳐주는 말씀이다. 참으로 이상적인 모습이다. 우리는 이 말씀을 너무나 잘 알고 있지만 얼마나 지키기 어려운 말씀인지도 잘 알고 있다. 유명한 말씀이지만 자신과는 거리가 멀다고 여기고 포기하며 사는 경우가 많다. 그러나 하나님이 명하신 말씀이기에 우리는 항상 기뻐하고 감사하는 삶을 살기 위해 끊임없이 노력해야 한다. 하나님이 명령하신 말씀은 우리가 노력해야 지킬 수 있다. 노력하지 않으면 지킬 수 없다.

이렇게 말씀을 통해 보더라도 스트레스를 받는 것은 주님이 기뻐하시지 않는다는 것을 알 수 있다. 스트레스는 하나님이 주신 것이 아니며 악한 영이 주는 것이 확실하다. 스트레스가 죄성이 없는 자연스러운 것이라면 천국에도 스트레스가 넘칠 것이다. 스트레스가 가득한 천국을 상상할 수 있는가! 그러므로 우리는 스트레스를 거절해야 한다. 즉, 스트레스의 영을 대적해야 한다.

주님은 우리의 연약함을 아시고, 이 각박한 땅의 삶을 누구보다도 이해하는 분이다.

"그러므로 내일 일을 위하여 염려하지 말라 내일 일은 내일이 염려할 것이요 한 날의 괴로움은 그 날로 족하니라"(마 6:34).

주님은 우리의 약함을 잘 아시고 스트레스를 이길 수 있는 많은 방법을 제시해주셨다. 그 중 하나가 바로 하나님이 중심이 되시는 삶을 사는 것이다.

마태복음 6장을 보면 크게 두 나라가 대립하며 존재한다. 하나는 우리 눈에 보이는 정욕적인 나라이고 다른 하나는 하나님의 나라다. 염려와 한 날의 괴로움, 즉 수많은 걱정근심과 스트레스는 나의 정욕적인 나라를 세우려는 목표에서 시작한다는 것을 알 수 있다. 그렇기에 하나님 나라를 위해 진실하게 살면 우리 삶에 만연한 스트레스를 이길 수 있다. 생각해 보면 나의 유익이 아닌 하나님 나라의 유익을 위해 살면 스트레스를 받을 일이 훨씬 줄어든다.

나도 삶에서 수많은 스트레스에 노출되지만 나의 나라를 세우려는 정욕과 이기적인 욕심을 회개하면서 스트레스의 영을 대적하고 이겨낸다. 사람들과의 관계에서나 물질적인 문제에서 풀리지 않는 일들이 생길 때마다 나는 하나님 나라 관점에서 그 일들을 살펴보며 나의 죄와 가문의 죄를 뉘우치고 회개한다. 그러면 스트레스를 이기고 주님 나라를 위해 순전한 마음으로 일하게 된다. 회개하며 스트레스의 영들을 대적하면 그 영들이 머리와 가슴, 배에서 많이 빠져나간다. 우리는 하나님의 말씀에 근거하여 스트레스를 이겨내야 한다.

다시 이야기로 돌아가자. B 사모님은 본격적으로 회개의 시간을 갖고 나서 첫 번째 사역을 받으러 왔다. 오랜 기간 많이 눌려 있던 탓인지 사모님의 회개는 조금 밋밋했다. 생각처럼 회개가 잘 되지 않는 듯했다. 그래도 회개하는 자리까지 나아온 것만으로도 나는 승리를 거둔 셈이라고 생각했다. 은혜의 물이 발목 정도 올라온 상태라고 해도 은혜 안에 있는 것이다. 우리는 성령의 도우시는 은혜를 받으면서 사모님을 격려하며 템포를 맞추어 사역을 진행했다. 자세히 살펴보니 사모님은 가슴과 위까지 스트레스의 영과 우울의 영, 근심걱정의 영으로 가득 차 있었다. 그런 몸으로 어떻게 직장 생활을 할 수 있었을까 싶을 정도로 많은 영이 자리 잡고 있었다. 우리는 사모님이 회개를 잘할 수 있도록 도와드리며 사역을 진행했다.

사역할 때 유의해야 할 점은 조급해하지 않는 것이다. 사역의 강도와 속도는 성령님의 역사하심과 내담자의 상태에 따라 조금씩 조절하는 것이 좋다. 그러므로 사역자는 때로 그날의 사역에 아쉬움이 남더라도 너무 낙심하거나 조급해할 필요가 없다. 주님의 인도하심을 따라 허락된 만큼 최선을 다하면 된다.

놀라운 것은 사모님이 3대째 목회자 집안의 자녀로 믿음의 가정에서 태어났다는 것이다. 사모님은 젊은 시절 말씀의 은혜를 받아 생기가 넘칠 때도 있었지만 삶의 어려움은 끊이지 않았고, 세월이 지날수록 믿음과 은혜가 희미해져갔다. 사모님은 놀라운 고백을 했다. 할아버지가 구한말에 영수(장로교에서 조직이 아직 갖추어지지 않은 교회를 인도하는 직분)로 목회를 할 때 신사참배에 앞장섰다는 것이다. 물론 이 문제를 회개하지 않은 것은 아니었지만 그 정도로 심각한 죄인지 와 닿지 않았던 것이다. 게다가 믿음의 가정인데도 사모님의 아버지와 할아버지 모두 병으로 일찍 돌아가셨다. 약속된 하나님의 축복들이 있는 것 같기는 한데 꼭 누군가 어딘가에 감춰둔 것만 같았다.

그렇게 가문에서 내려온 악한 영들은 사모님과 가정 그리고 사모님의 건강에 문제를 일으키며 축복을 방해하고 있었다. 사모님은 영적 진단을 토대로 우상숭배의 죄와 스트레스, 걱정근심의 죄를 집중적으로 회개했다. 우리도 이런한 악한 영들을 여러 번 집중적으로 사역했다. 악한 영들을 불러내자 머리에서 우상숭배의 영이 빠져나갔다. 이어서 가슴에 있는 영들을 불러내자 사모님은 숨이 차올라 답답해했다. 가슴과 배가 반복적으로 올라왔다 내려갔다 했고, 영들은 하나둘 빠져나갔다. 사모님이 하나씩 하나씩 집중해서 회개할 때마다 심장에 있는 영들이 실타래 풀리듯이 빠져나왔다. 특별히 아버지에게서 내려온 질병의 영은 가슴과 배 쪽에 많았는데 우리는 보이는 영들을 모두 쫓아냈다.

감사하게도 사모님은 때로 회개가 잘 되지 않아도 순종함으로 포기하지 않았고, 사역이 진행되면 될수록 회개에 속도가 붙었다. 심령의 에너지 또한 회복되면서 건강도 점점 좋아지는 것이 눈에 보였다. 온몸에서 영들이 빠져나갔고 또 나간 만큼 금방 회복되었다. 특별히 아버지에게서 내려온 죄들을 회개하며 대적하니 회복이 되는 속도가 더욱 빨라졌다. 사역을 몇 번 거듭하면서 스트레스의 영에 묶여 있던 부분이 풀어지고 생각과 마음에서 점점 자유함을 얻었다. 여유로워지고 표정도 많이 밝아졌다. 주님은 악한 영들이 나간 자리에 주님의 생명으로 풍성하게 채워주기를 기뻐하셨고, 메말랐던 심령을 급속하게 회복해주셨다. 발목까지 올라왔던 은혜의 물은 어느새 점점 차올라 깊어지고 있었다. 마치 주님이 사모님을 회복시키려고 기다리신 것 같았다.

사모님을 괴롭히던 고질적이고 만성적인 고통들이 점점 사라졌다. 오히려 힘과 기쁨으로 차올랐다. 소화 기능도 전보다 호전되어 얼굴에 살이 붙은 것이 보였다. 어느 정도 기간이 지나자 사모님은 이제야 회개가 된다고 하며 미소를 지었다.

사모님은 회개하며 사역을 받을수록 스트레스와 걱정근심에 눌렸던 모습이 사라지고 아름다운 생기가 도는 기쁨의 그릇이 되어갔다. 하나님의 은혜로 스트레스와 악한 영들을 이겨낸 것이다. 스트레스의 영들은 더는 사모님을 누를 수 없었다. 이후 사모님은 더 강한 영들과의 싸움에서도 승리했다. 이제는 가정을 위해 기도하며 영적 전쟁을 하는 하나님의 강력한 군사로 다시 서게 되었다. 주님은 진실로 우리의 심령을 치유하시고 강건하게 하시는 분이다.

우리는 스트레스가 많은 시대를 살고 있다. 하나님의 형상으로 지어진 사람이 오랜 세월 동안 놀랄 만한 문명과 발전을 이루었지만, 갈급함과 스트레스는 오히려 더욱 커졌다. 시간이 지날수록 더 많은 사람이 불안과 초조, 근심걱정 그리고 공포와 혼란 속에서 방황하고 있다. 더욱 치열해진 생존 경쟁 속에서 강박관념과 우울, 히스테리, 긴장, 욕구불만 등 정신질환은 점점 더 늘어났으며 이제는 보편적이고 일반적인 현대인의 고질병이 되어버렸다. 악한 영들이 더욱 판을 치는 세상인 것이다.

그러나 하나님이 더욱 어두워진 세상 속에 살고 있는 우리를 위해 더 많은 은혜를 부어주신다. 큰 어려움을 이겨내면 큰 은혜가 내려온다. 이러한 혼란스러운 시대에 살고 있는 우리는 살아 있기에 어쩔 수 없이 사는 것이 아니라 말씀을 의지하고, 말씀을 기준으로 삼아 분별하며, 무엇을 받아들이고 무엇을 거절할지 알아야 한다. 말씀에 기초한 분별의 문을 우리 마음과 생각에 달아두어야 한다.

모든 것을 있는 그대로 받아들이는 것이 아니라 내가 받아들여야 할 것과 받아들이지 말아야 할 것을 분명하게 분별해야 한다. 마귀의 강력한 무기 중 하나가 바로 영적 무지다. 존 터너는 믿음이란 신뢰하는 것이고, 인식하는 것이며, 받아들이는 것이라고 했다. 무엇을 믿고 인식하며 받아들일지 선택하는 것이 믿음의 삶이다.

약한 것과 고통받는 것을 당연한 것으로 여기게 하는 악한 영들을 대적하라. 생각과 마음에 속삭이는 악한 영들을 대적하라. 걱정근심과 스트레스의 영을 거절하라. 우리는 악한 영들을 대적하고, 나의 유익을 위한 생각과 마음을 내려놓으며, 하나님 나라의 유익을 위하여 살기를 선택해야 한다. 날마다 회개의 자리에 머물러야 한다. 이 어두운 세상 속에서 치열한 영적 전쟁을 치르고 승리한 자만이 하나님 나라의 기쁨을 마음껏 누리게 될 것이다.

2. 두려움의 영

평소 안면이 있던 C 목사님과 기도 모임에서 만났을 때 주님의 특별한 은혜가 부어졌다. 나는 쉬는 시간에 우연히 목사님과 이야기를 나누게 되었다. 그런데 목사님은 특이하게도 말을 하며 자꾸 주저주저하고, 얼굴이 홍당무처럼 붉어지거나 떨며 자신감이 없는 모습을 보였다. 그러던 중 주님이 이분이 처한 영적 상태를 환상으로 보여주셨다.

환상 속에서 목사님은 겉보기와는 다르게 두려움에 떨고 있었다. 나는 주님이 주시는 마음을 따라 그 환상에 대해 목사님께 조심스럽게 이야기했다. 그러자 그분은 곧 자신에게 있는 문제들을 털어놓았다. 주님이 보여주신 환상과 목사님이 처한 상황이 일치했던 것이다. 목사님은 어렸을 때부터 지금까지 아무 이유 없이 늘 두려움이 있었다고 한다. 항상 불안함 속에서 살고 있었던 것이다. 그 두려움과 불안함은 불면증을 불러왔고 일상생활에서도 어려움을 겪고 있었다. 게다가 풀리지 않는 물질 문제까지 겹치면서 삶이 궁지에 몰려 있었다. 나는 짧게 상담을 한 후 회개 사역에 관해 설명했다. 그러자 목사님은 적극적으로 새로운 영적 도전에 나서기를 원했다. 주님의 은혜로 우리는 다음을 기약하며 약속을 잡았다.

우리는 약속된 날에 센터에서 만났다. 목사님의 이야기를 들어보니 그분은 평소에도 영적인 사모함과 갈급함이 컸다고 했다. 영적인 갈급함을 채우기 위해 여러 곳을 찾아다녔고 지금 우리 센터까지 오게 된 것이다. 목사님의 상태를 진단한 결과 가슴과 등에 두려움의 영이 많이 박혀 있었다. 그리고 주님이 이런 말씀을 해주셨다. "두려울 때마다 어려움을 이겨라. 더욱 담대히 싸워 이기며 나아가기를 바라노라." 주님은 두려움을 있는 그대로 받아들이지 말고 오히려 두려움에 강력하게 대응하기를 원하셨다.

진단을 받은 목사님은 이렇게 말했다. 7년 전부터 잠을 자려 할 때마다 마치 등에 못이 박혀 있는 것처럼 고통이 느껴져 똑바로 누워서 잠을 잘 수 없었다는 것이다. 특별한 질병이 있는 것도 아니었기 때문에 어디에서도 정확한 이유를 찾을 수 없었다는 것이다. 영안을 열어 보니 무당의 영, 두려움의 영이 등에 박혀 있었다. 목사님이 느낀 것은 등에 박혀 있는 악한 영이었다. 사람에 따라 영적 민감도가 다르지만 영적 현상들을 느끼고 체험하는 사람은 매우 많다. 사람은 영적 존재이기 때문에 영적인 것을 느끼는 것은 당연하다. 사람은 성령도, 악한 영도 실제로 느낄 수 있다. 이런 현상에 대한 이해가 없으면 이상하게 생각하거나 무시할 수도 있다.

진단을 통해 알게 된 것은 두려움의 영이 들어온 것은 바로 무당을 섬겼기 때문이었다. 목사님의 가정은 3대째 기독교 집안이었지만 우상숭배를 철저하게 끊지 못했다. 할머니가 교회를 다니기 전에 우상숭배에 최선을 다했는데, 교회를 다니면서도 몰래 제사를 지내거나 어려울 때 무당을 찾아가서 점을 치거나 굿을 하며 무당을 의지한 것이었다. 부모님 또한 신앙이 굳건하지 못해 악한 영들을 온전히 끊어내지 못한 것으로 보였다. 그렇게 들어온 악한 영들은 안타깝게도 목사님에게까지 내려왔고, 가슴에 무당의 영을 중심으로 두려움의 영, 어둠을 이기지 못하게 하는 영 등이 많은 악한 영과 함께 들어온 것이다.

이 가문은 하나님이 약속하신 축복과 우상숭배로 인한 악한 영들의 훼방이 혼재되어 있는 상황이었다. 은혜를 경험하면서도 결정적인 문제들이 풀어지지 않는 이유는 죄로 인한 악한 영들의 훼방 때문이었다. 큰 죄를 짓거나 많은 죄를 지었다면 훼방은 더 클 것이다. 이런 영적인 상황을 잘 분별하지 않으면 하나님 말씀과 현실이 일치하지 않는다며 낙심하고 절망할 가능성이 크다. 죄로 인해 악한 영들이 하나님께 참소하고 축복을 가로막기 때문에 하나님이 축복을 주고 싶으셔도 주실 수가 없게 되는 것이다. 이때 예수 그리스도의 보혈을 의지하여 죄악을 회개하면 주님은 악한 영들의 참소를 막아주시고 우리를 변호해주실 수 있다. 우리를 변호해주실 분은 예수 그리스도밖에 없으며, 모든 죄를 용서해주시는 주님의 은혜를 믿고 회개하는 것이 우리가 할 수 있는 가장 최선의 선택이다. 우리는 철저히 회개하여 악한 영들의 합법적인 훼방을 끊고, 더는 우리 삶에 악한 영향을 끼치지 않도록 영적 싸움에 임하는 것이 옳다.

우리는 일주일 후 첫 사역을 시작했다. 먼저 목사님의 등과 가슴에 박힌 영들을 예수 이름으로 불러냈다. 그러자 심장에 있던 악한 영들이 마치 콩나물처럼 빠져나왔다. 가슴 전체를 감고 있던 철사 같은 영들도 풀어지면서 빠져나갔다. 그리고 평생 등에 못처럼 박혀 고통을 주던 무당의 영, 두려움의 영 등을 불러내자 목사님의 얼굴색이 갑자기 새까맣게 변하기 시작했다. 등에 박혀 있던 이 영들이 가슴에 있는 영들과 연결되어 있었고, 어깨와 척추에까지 영향을 주고 있었다. 이 영 때문에 몇 십 년간 고통당한 것을 생각하면 분통이 터지고 통탄할 일이었다. 일평생 자신을 괴롭혀온 원수의 정체가 악한 영이라는 것을 알게 된 목사님은 진땀을 흘려가며 힘을 다해 회개했다. 손가락만 한 굵기의 악한 영들이 서서히 풀어져 나갔고 몸에 박혀 있던 못이 점점 작아졌다.

1차 사역이 끝나자 목사님의 얼굴색이 환하게 변했다. 마지막 축복 기도를 하는데 주님은 열성을 다해 진심으로 회개하는 목사님에게 많은 은혜와 위로를 내려주셨다. 주님은 목사님이 회개하기를 기다리고 계셨던 것이다. 거룩하신 하나님의 은혜는 너무나 귀중한 것이기에 준비된 깨끗한 그릇에 부으신다. 깨끗한 곳에 주님의 은혜가 들어가면 주님의 사랑으로 그 그릇은 더욱 강해진다. 악한 영이 나간 만큼 하나님의 은혜가 들어온다.

나는 그동안 많은 사역을 하면서 대대에 걸쳐 예수를 믿는 것은 그 자체만으로도 엄청난 축복이라는 것을 깨달았다. 그러나 정말 중요한 것은 주님을 어떻게 섬겼는가 하는 것이다. 아무리 3-4대가 예수를 믿은 가정이라고 해도 축복을 받은 가정과 그렇지 못한 가정으로 나뉜다는 것에 나는 놀랐다. 그 이유를 잘 살펴보면 항상 원인은 죄였다. 어떤 가정은 몇 대에 걸쳐 예수님을 믿는 가정이었지만 오히려 주의 종들을 대적하고 하나님을 대적하기도 했다. 이러한 죄로 인해 주님의 진노가 대대로 내려온 것을 보았다. 또한 이번 사례와 같이 우상을 섬기는 것을 철저하게 버리지 못한 가정도 악한 영들의 방해가 많은 것을 보았다.

무엇보다 가장 대표적인 사례로 들 수 있는 것은 이스라엘 백성이다. 그들은 국가의 탄생 자체가 하나님의 언약에서 시작되었다. 국가와 가문, 가정까지 모두 하나님이 직접 선택하신 특별한 사람들이다. 그러나 그런 은혜에도 불구하고 온 나라가 거룩한 하나님의 말씀을 저버리고 우상을 숭배하며 하나님의 정의와 공의를 버렸다. 그런데도 그들은 아브라함의 혈통임을 자랑하며 선민사상에 빠져 철저히 회개하지 않았다. 결국 자신들의 손으로 예수님을 십자가에 내어주며 그 죄를 자손에게 돌리기까지 했다. 이로 인해 그들에게 하나님의 무서운 진노가 내려 나라가 분리되고 멸망되었을 뿐만 아니라 수많은 박해와 전쟁이 끊이지 않게 되었다. 물론 그 가운데 그루터기와 같이 하나님을 경외하며 순종한 소수의 무리가 있었고 그들을 통해 언약의 축복이 이어졌다. 이 축복은 이방인에게까지 확대되었고, 끝까지 하나님을 섬긴 가정과 가문은 누구도 따라가지 못할 축복을 누렸다.

이처럼 가장 중요한 것은 하나님을 진실하게 섬겼는가 하는 것이다. 그다음에 중요한 것이 몇 대를 걸쳐 하나님을 믿었는가다. 그러나 우리가 선택할 수 있는 것은 전자뿐이다. 그렇기 때문에 우리는 예수님을 믿고 교회에 다니는 것으로 만족하는 것이 아니라 항상 진실하게 하나님을 경외함으로 섬기기를 힘써야 한다. 나를 통해 믿음의 가문이 만들어지고 이어질 수 있다는 사실을 깨닫고 철저히 순종함으로 믿음의 싸움을 싸워야 하고, 회개함으로 영적 싸움에서 승리해야 한다.

목사님은 이러한 모든 현상과 죄를 겸손하게 자신의 것으로 인정하고 열심을 다해 회개했다. 목사님은 거리가 먼 것을 마다하지 않고 적극적으로 사역에 임했다. 목사님은 하나님의 축복을 받을 그릇으로 준비되고 있었다. 주님이 이런 자를 어려움 속에 그냥 내버려두시겠는가. 영적인 문제가 풀리기 시작하자 삶에서 열매가 맺히기 시작했다.

두 번째 사역에 들어가자 이번에도 목사님은 이를 악물며 힘을 다해 회개하기 시작했다. 전보다는 약해진 영들이 가슴과 등과 머리를 중심으로 빠져나갔으며, 우리는 잡초처럼 끊임없이 올라오는 영들을 거둬냈다. 이렇게 반복적으로 악한 영들을 제거하며 사역을 마무리하자 주님은 목사님의 속사람이 기지개를 펴면서 기뻐하는 모습을 보여주셨다.

목사님은 우리에게 놀라운 간증을 했다. 불면증이 치유되었다는 것이다. 또 등에 못이 박힌 것처럼 느껴지던 통증도 해결되었다고 했다. 목사님이 수줍게 웃으며 이제야 살 것 같다고 하자 우리 팀도 함께 한껏 웃으며 기뻐했다. 목사님은 영적 전쟁에서 승리하고 주님의 치유를 받았다. 우리 모두 주님의 은혜에 기쁨으로 영광을 돌렸다. 간증하는 목사님의 얼굴에는 웃음과 활력이 넘쳤다. 하나님은 자기 백성이 진정으로 돌이켜 당신 얼굴을 구할 때 외면하지 않으신다.

"내가 오늘 명하는 모든 명령을 너희는 지켜 행하라 그리하면 너희가 살고 번성하고 여호와께서 너희의 조상들에게 맹세하신 땅에 들어가서 그것을 차지하리라"(신 8:1).

하나님의 축복은 이것이 다가 아니었다. 목사님은 경영 목회를 하는 분으로 선교 사업에 비전이 있었다. 그러나 사업이 풀리지 않아 물질 문제가 항상 비전을 가로막았다. 그러나 첫 단계 사역을 마치면서부터 목사님의 물질 문제가 풀리기 시작했다. 좋은 기회를 통해 평소 원했던 곳으로 사업이 열려 물질의 회복이 이루어졌다. 주님의 기적이 계속해서 일어나고 있었다.

이렇게 환경까지 열리게 되면서 온 가족이 회개에 동참하며 사역을 받게 되었다. 목사님의 회개를 통해 죄의 벽이 허물어지고 치유와 평안이 온 가족에게 임했다. 회개를 통해 비로소 참된 평안을 얻은 것이다. 한 사람이 세워지자 가정도 세워졌다.

목사님은 지금도 계속해서 회개에 힘쓰고 있다. 그리고 하나님의 축복과 은혜를 더욱 기대하며 살아가고 있다. 우리는 하나님의 도우심 없이는 살 수 없는 존재다. 죄가 무서운 것은 이 도우심을 막기 때문이다. 사막 한가운데 홀로 있는 어린 양은 다른 동물들의 먹잇감이 될 뿐이다. 전능한 목자의 보호하심과 이끄심은 생명과 같으며 절대적으로 필요하다.

은혜의 주님은 우리를 죄 가운데 홀로 버려두길 원하지 않으신다. 생명의 길을 여신 우리의 참된 목자 예수님 앞으로 나아가자. 주님 앞에 나아가는 것은 회개의 자리로 돌아가 말씀 앞에 모든 것을 내려놓는 것부터 시작한다. 축복을 막는 죄의 벽은 저절로 사라지지 않지만 회개를 통해 이 죄의 벽을 허물 수 있다. 영적인 것과 일상은 동떨어져 있지 않다. 하나님의 축복이 나와는 관련이 없는 듯 멀리서 구경만 하는 구경꾼이 되지 말자. 이스라엘 백성도 약속의 땅인 가나안 땅에 들어갔다고 해서 저절로 땅을 얻은 것이 아니다. 그들도 끝없는 전쟁을 치루고 차지한 만큼의 땅을 소유한 것이다.

우리도 마찬가지다. 하나님이 약속하신 복을 멀리서 구경만 한다면 그 복은 절대 우리의 소유가 될 수 없다. 계속해서 죄의 벽을 허물고 하나님을 섬기는 삶을 살아간다면 반드시 주님의 크신 복이 임할 것이고, 뿐만 아니라 우리를 통하여 믿음의 가문이 세워질 것이다. 우리에게 주고자 하시는 하나님의 복은 우리의 생각 그 이상이다.

3. 상처를 치유받다

사람은 사회 안에서 다양한 관계를 맺으며 살아간다. 이러한 관계 속에서 우리는 긍정적인 것이든 부정적인 것이든 다양한 것을 주고받는다. 그 중 우리가 서로 주고받는 마음의 상처는 일상적이면서도 우리의 마음과 삶을 끊임없이 갉아먹는다. 마음의 상처는 눈에 보이는 관계와 영적인 관계와 다 관련이 있다. 즉, 마음의 상처를 치유받기 위해서는 눈에 보이는 관계뿐만 아니라 영적인 관계도 치유받아야 한다.

마음의 상처는 자신의 죄든 상대방의 죄든 죄와 연관이 깊다. 서로의 죄로 인해 마음의 상처가 생기기도 하고, 상처로 인해 더 많은 죄를 짓기도 한다. 물론 상처를 통해 성숙해가는 과정도 있지만 이것은 상처를 이기고 치유받았을 경우에 해당한다. 상처를 치유하지 않고 계속 방치하면 상처로 인해 깊어지는 죄들과 악한 영들의 공격으로 기억과 감정, 영혼에까지 악영향을 받으며 육체에도 질병이 일어난다. 마음의 상처는 죄와 깊은 관계가 있는데 이 둘은 함께 활동한다. 상처를 치유할 때는 몸에 큰 영이 없는 상태에서 진행해야 한다.

상처를 치유하는 것이 중요한 가장 큰 이유는 상처가 많을수록 하나님에 대해 그리고 사람에 대해 그릇된 시각을 갖게 되기 때문이다. 결과적으로 사람을 성장할 수 없게 만든다. 문제는 상처에 많은 악한 영이 있어 그 상처를 더욱 깊게 만들고 인생 자체를 상처 속에서 살게 만든다. 그리고 상처는 또 다른 상처를 주게 되어 결국 주변까지 병들게 한다. 그러므로 자신과 가족 그리고 자신이 속한 공동체를 위해서라도 상처는 꼭 치유받아야 한다.

K 자매는 순수한 신앙을 가진 유망한 영적 사역자다. 그러나 자신이 영적 사역을 하는데도 내면에 있는 상처로 인해 눌림과 우울함이 떠나지 않는 것이 의문이었다. 어린 시절 가난한 환경에서 자란 탓에 영양 보충도 부족했고 몸도 왜소한 자매는 자신감이 없는 편이었다. 자매에게는 주님의 은혜가 있었지만 확실한 자유함이 없었다. 이 마음의 상처는 주님께로 나아가는 데 항상 걸림돌이 되었고 결혼에 대한 두려움으로 이어졌다. 그러던 중 우리 센터와 알고 지내던 부모님을 통해 우리를 만나게 되었고 많은 사역 과정을 거치면서 상처 치유 사역을 받게 되었다.

영적으로 살펴보니 자매의 가슴 쪽에 상처가 벌어져 있는 환상이 보였다. 그 벌어진 상처는 여러 곳이 깊게 파여 있었고, 상처 사이로 유리 조각이 박혀 있었다. 심장에는 우울과 미움의 영들이 바늘처럼 빼곡하게 박혀 있었다. 상처 사이로 검은 머리카락 같은 악한 영들이 징그럽게 파고 들어가 감겨 있었다. 마음의 상처는 눈에 보이지 않는 것 같지만 실제로 영혼에 상처를 남긴다. 자매를 진단한 결과 1세부터 현재까지 전체적으로 거절감으로 인한 우울의 영과 두려움의 영이 강하게 있었다. 상처에는 반드시 악한 영들이 함께 역사하기 때문에 효과적인 치유를 위해서는 영

진단이 중요하다. 이 사역에서 영분별의 은사는 매우 유익하다. 정확한 분별을 통해 주님이 원하시는 회개를 할 수 있고, 그래야 치유받을 수 있기 때문이다.

치유 과정을 간단하게 설명하면 먼저 주님이 환상으로 보여주시는 대로 치유가 가장 필요한 상처들을 적고 영 진단을 한다. 즉, 가장 핵심적으로 분별된 부분들에 대해 사역을 진행한다(내담자가 핵심적인 상처를 치유받으면 나머지 상처들에 대해서는 기도하는 가운데 주님께 치유받을 수 있다).

내담자는 진단의 도움을 받아 상처가 난 곳에 있는 죄들을 회개하며 주님 앞에서 상처에 직면한다. 주님 없이 상처에 직면하게 되면 오히려 상처에 눌릴 수도 있다. 주님 앞에서 주님을 대면하며 회개해야 하고, 주님 앞에 상처를 내려놓으며 회개해야 한다. 이때 사역자는 상처로 인해 역사했던 악한 영들을 제거한다. 그러나 악한 영들을 제거한다고 해서 치유의 과정이 다 끝나는 것은 아니다.

어느 정도 사역이 진행된 후 성령의 임재 속에 주님의 위로와 은혜를 보고 들음으로 회복의 시간을 갖는다. 상처가 완전히 아무는 데는 많은 시간을 필요하며 스스로 노력하는 지속적인 관리가 필수다. 마음의 상처가 깊을수록 빠른 기간 안에 치유되기는 어렵기 때문에 여유 있게 접근하는 것이 좋다.

자매에게 이렇게 큰 상처가 있는 것은 이유가 있었다. 가장 큰 상처는 할머니와 아버지로 인한 것이었다. 자매의 부모님은 결혼한 뒤 3년의 신혼 기간 동안 독립하여 살았지만 먹을 것조차 없이 매우 가난했다. 그렇게 살다가 할아버지 댁으로 들어가게 된 것이다. 그러나 조부모님은 좋은 분들이 아니었다. 가장 예뻐해주어야 할 손녀에게 할아버지와 특히 할머니는 늘 부정적인 말을 했다.

"그러면 안 된다. 저러면 안 된다. 네 엄마가 잘못 들어와서, 내가 며느리를 잘못 얻어서 아빠가 돈도 못 벌고 풀리지 않는다."

할머니는 이 말을 세뇌될 정도로 밥 먹을 때마다 손녀인 자매에게 퍼부었다. 폭언은 무서운 것이다. 자매는 그때마다 꾹꾹 참으며 밥을 먹었다. 그런데 옆에서 어머니에 대한 안 좋은 이야기를 같이 듣던 동생은 끝내 울음을 터트렸다. 이 상황에서 자매는 '내가 왜 이런 소리를 듣고 울어야 돼?'라고 생각하며 마음을 억누르고 억울해서라도 이를 악물고 울지 않았다는 것이다.

그런 자매의 모습을 본 할아버지는 "왜 저년은 울지도 않느냐"며 더한 폭언과 미움의 말을 퍼부었다. 심지어는 이혼을 강요하는 말이라든지 '죽으라'는 등 심한 저주를 퍼부으며 우리가 듣기에도 가슴이 내려앉을 정도의 파괴적인 말들을 서슴없이 했다. 그런데도 아버지는 자신의 가족보다 할머니 편을 들곤 했다는 것이다. 이로 인해 부모님은 자주 다투었고, 고통스런 나날이 지속되었다. 시간이 지나면서 관계는 나아졌지만 어린 자매에게 박힌 상처는 여전히 그 시간과 그 자리에서 피를 흘리게 하고 있었다.

자매의 가슴속에는 상처와 우울이 깊이 자리 잡고 있었고, 이로 인해 미움과 증오가 가슴 전체를 가득 채우고 있었다. 자매는 아버지에 대한 상처와 조부모님 같은 시부모님을 만날까 두려워 결혼에 대한 거부 반응이 생겨났다고 했다. 나는 선한 얼굴의 예쁜 자매에게 이런 일이 있었을 줄 생각도 못했다. 자매와 그 앞길을 위해서 상처 치유가 시급했다.

나는 자매에게 본격적인 사역에 들어가기 전에 상처를 치유하는 과정에서 상처와 관련한 감정들이 더욱 민감하게 드러날 수 있다는 점을 먼저 알려주었다. 그렇기 때문에 가족이나 가까운 사람들의 이해와 협조가 필요하다. 예를 들어 혈기분노가 크게 일어났던 상처에 관해 회개하면 그때의 감정과 기억이 다시 생생하게 불일 듯 일어난다. 그리고 그 자리에 역사했던 영들도 움직여 표출되기 시작하는데 그 때문에 혈기분노에 대해 항상 상기되어 있다. 표출된 영은 움직이면서 자꾸 혈기라는 감정을 건드리기 때문에 이상하게 작은 일에도 혈기가 나게 된다. 특히 상처와 연관된 사람들이 가족 중에 있다면 잠들어 있던 미움의 감정이 표출되기도 한다. 마치 물속에 음식물 쓰레기가 무겁게 가라앉아 있는데 긴 막대기로 그 물을 다시 휘저으면 음식물 쓰레기가 수면 위로 올라오는 것과 같다.

나와 우리 가족도 이런 과정을 겪어보았기 때문에 상처의 깊이에 따라 이것이 쉽지 않은 과정임을 알 수 있다. 그러나 이 모든 과정 속에서 도우시는 분은 주님이시기에 우리는 이겨낼 수 있다. 사역자는 악한 영들을 제거하며 이 과정을 최대한 빠르게 지나갈 수 있도록 돕는 것이다. 그러므로 상처 치유 사역을 시작하기 전에 먼저 기본적인 회개 기간이 필요하다. 앞에서 이야기한 사역 과정에서도 마음의 상처가 치유되기도 하지만 본격적인 상처 치유 사역은 되도록 큰 영을 제거한 뒤 진행하는 것이 좋다.

그렇기 때문에 이 과정에서 감정에 너무 치우치지 않도록 유의해야 한다. 이런 점에서 진단받은 영들과 관련된 죄를 회개하면 감정이 동요되지 않도록 안정시킬 수 있다. 그러므로 사역자는 상처 치유를 할 때 근본적인 원인을 분별하고 감정적인 부분을 토로하게 하는 대신 회개와 하나님의 치유하시는 사랑에 대한 믿음을 끊임없이 권장해야 한다.

비록 무의식과 심령의 밑바닥 속에 가라앉아 있던 상처들을 떠올리는 것은 힘든 일이지만 자신의 바닥까지 다 주님 앞에 쏟아놓아 그것까지도 받아주시는 주님의 진실한 사랑 안으로 들어가는 것이 중요하다. 개인의 회개는 상대방에 대한 용서로 확대되고, 이 용서는 사랑으로 발전되어 축복과 감사로 채워져야 한다.

사역 이후에 자매가 고백하기를 회개하는 과정 중에 상처받았을 때 느꼈던 깊은 우울과 미움, 거절감으로 인한 분노와 좌절, 또 그로 인한 무기력함 등 여러 가지 감정이 일어났다고 했다. 그런데도 그때마다 일부러 찬송을 부르고 격동하는 감정에 지지 않으며 지혜롭게 잘 이겨나갔다. 그리고 부모님의 중보 기도와 위로의 말들로 격려를 받으며 승리할 수 있었다.

　사역이 시작되자 이 내성적인 자매는 감정을 속으로만 억누르며 쉽게 회개를 이어가지 못했다. 우리가 감정에 이끌려 미워했던 일들을 회개하라고 가르쳐주자 자매가 마음을 열고 울기 시작했다. 그리고 기적이 시작되었다. 1세부터 현재까지 받은 상처들과 악한 영들이 지금껏 자신의 감정과 삶을 조종하고 흔들어놓았다는 것에 분개하며 회개했다. 자매는 자신의 상처를 고백하고 그와 함께 역사했던 죄악들을 하나하나 토해냈다. 특별히 할머니에 대한 증오와 미움의 감정들을 자세히 회개했는데, 이 영들은 가슴에 크고 작은 칼들의 모양으로 박혀 심장까지 누르고 있는 상태였다. 우리는 아랫배까지 가득 차 있는 우울의 영과 미움의 영들까지 불러냈다. 상처 사이에 있던 악한 영들은 가는 실처럼 풀어져 올라와 나갔다.

　자매는 주님 앞에 아픈 마음을 내려놓고 토설하며 회개하고 용서했다.

　"할머니를 용서합니다! 할머니를 용서합니다!"

　자매는 의지를 다해 어렸을 때부터 지금까지 자신을 거절하고 저주하며 상처를 주었던 할머니에 대해 몇 번이고 토설하며 용서하기를 반복했다. 그리고 미움은 살인과 같다고 하신 말씀을 기억하며 자신의 미움을 회개했다. 자매는 원망과 증오대신 회개를 선택한 것이다. 중요한 것은 우리가 상처를 하나님께 맡기면서 이 상처에 대한 자신의 반응으로 회개라는 선한 것을 선택할 수 있다는 것이다(참조. 찰스 크래프트의 『깊은 상처를 치유하시는 하나님』).

그러던 중 자매는 주님의 사랑을 깨닫고 눈물을 흘리기 시작했다. 그토록 죄인인 자신을 사랑하시는 하나님에 대한 사랑이 승리한 것이다. 그리고 마지막에는 진심으로 할머니를 축복할 수 있었다. 자매는 용기를 다해 용서했다.

그러자 가슴속에서 깨어진 유리조각과 못, 칼, 돌, 가시 같은 형태의 영들이 풀어져 올라왔다. 이 영들이 나가는 모습은 마치 솜뭉치에서 실이 풀어져 나오는 것처럼 수도 없이 풀려 나갔다. 주님은 악한 영이 나간 곳에 상처를 메워주시고 꼭 안아주시면서 토닥여주셨다. 주님은 참으로 자비로운 분이다. 이처럼 하나님은 마음을 다해 주님 앞에서 통회하는 자를 결코 외면하지 않으신다.

"하나님께서 구하시는 제사는 상한 심령이라 하나님이여 상하고 통회하는 마음을 주께서 멸시하지 아니하시리이다"(시 51:17).

이렇듯 상처 치유에서 가장 핵심적인 요소는 용서하고 용서받는 것이다. 상처는 결국 자기 자신, 타인, 하나님과의 관계 속에서 일어나는 것이기 때문이다. 그리고 하나님의 말씀에 나와 있는 것처럼 용서하지 않는 사람은 하나님의 용서에서 제외되기 때문에 용서는 필수적인 선택이다(마 6:14-15). 용서할 수 있는 능력과 용서받음을 확신하는 것은 예수 그리스도가 나 같은 죄인을 용서하신 은혜의 용서에서 나온다. 그렇기 때문에 회개의 은혜가 깊을수록 용서의 깊이도 깊어진다. 용서는 자기 자신을 위한 최선의 길인 동시에 아름다운 공동체를 이루어가는 길이다.

단 한 번에 용서가 이루어진다고 생각하지 말고 상처에서 벗어나기까지 계속해서 의지적으로 실행해야 한다. 용서가 쉽고 자연스럽게 이루어진다면 성경에서 용서에 대해 그렇게까지 강조하지 않았을 것이다(마 18:22). 용서가 어렵더라도 말씀에 순종하는 마음으로 의지를 다해 적극적으로 힘써야 한다. 억지로라도 입으로 용서를 고백하는 것은 매우 중요하다. 경험상 진정한 용서가 이루어지면 상처의 원인이 되는 특정한 사건과 특정한 사람을 생각해도 감정의 동요가 일어나지 않고 잔잔한 기억의 조각 중 하나가 되어 트라우마에서 벗어날 수 있다. 중요한 것은 용서한다는 한 번의 고백에서 멈추는 것이 아니라 상처가 온전히 아물 때까지 계속 의지적으로 해야 한다.

그렇게 몇 번 더 사역을 한 끝에 상처 치유 사역을 마무리했다. 이 모든 과정을 마친 자매를 보니 대견스러웠다. 자매는 깊이 회개하며 상처 치유를 받는 동안 마음이 커진 것 같다고 고백했다. 그렇게 죽이고 싶도록 미웠던 할머니에 대한 분노와 우울이 치유를 통해 용서로 바뀔 수 있었다. 이제는 편한 마음으로 할머니를 볼 수 있게 되었고, 함께 식사할 수 있을 정도로 자유를 얻게 되었다. 자매는 그렇게 원망하며 미워했던 조부모님과 아버지를 포용할 수 있게 되었다. 이제는 오히려 가족을 위해 회개하며 축복하는 축복의 통로가 되었다. 상처 안에 박혀 있던 영들이 빠져나가니 그곳에 주님의 용서와 사랑이 자리를 잡기 시작했다.

이제는 누가 뭐라고 해도 다 수용할 수 있을 것 같다는 선한 고백을 하는 자매의 심령이 안정된 기쁨을 누리고 있었다. 자매는 무엇보다 주님과의 관계가 좋아져 주님과 동행하고 대화도 나누며 기쁨을 누리고 살고 있다고 고백했다. 또한 결혼 이야기만 들어도 두려움으로 몸서리를 치던 자매가 이제는 멋진 남편감을 놓고 기도하고 있다면서 수줍게 미소를 지었다. 머지않아 자매는 행복한 새 가정을 꾸려나갈 것이다.

자매는 영안도 잘 열려 환상을 보며 영분별도 한다. 지금은 자신과 같이 상처 입은 사람들을 품으며 영적 사역을 하면서 부모님과 함께 사역의 열매를 맺고 있다. 나는 이런 과정을 통해 사도 바울이 "마음을 새롭게 함으로 변화를 받으라"(롬 12:2)고 강조한 말씀이 얼마나 깊고 실제적인 것인지 깨닫게 되었다. 나는 나 자신과 다른 사람들이 상처를 치유받는 과정을 통해 마음이 새롭게 되어 변화되는 것을 볼 수 있었다. 마음을 새롭게 할 때 우리는 변화될 수 있다.

결국 사람에게 가장 큰 계명은 하나님을 최고로 사랑하는 것이다. 그리고 그 사랑 가운데 자기 자신과 이웃을 사랑하는 것이 우리의 목표다. 마음의 상처가 많은 사람들은 하나님을 온전히 사랑할 수 없다. 그리고 자신을 사랑할 수 없고, 당연히 이웃도 사랑할 수 없다. 상처로 인해 주님이 주신 가장 큰 계명을 따를 수 없다면 얼마나 안타까운 일인가. 이 험한 세상에서 살면서 상처를 받지 않을 수는 없지만 상처를 치유받고 싶령이 강건해지면 상처를 받는 것 자체에서 자유할 수 있다. 마음의 상처들을 보석처럼 아끼며 마음 뒤편에 숨겨두지 말고 완전히 주님 앞에 내려놓고 상처가 아닌 하나님의 충만한 은혜와 사랑으로 마음을 가득 채우자.

"네 마음을 다하고 목숨을 다하고 뜻을 다하고 힘을 다하여 주 너의 하나님을 사랑하라 하신 것이요 둘째는 이것이니 네 이웃을 네 자신과 같이 사랑하라 하신 것이라 이보다 더 큰 계명이 없느니라"(막 12:30-31).

4. 태아기 치유

태아기는 사람에게 매우 중요한 시기다. 한 사람의 영혼이 이 땅에 내려와 처음으로 모든 것을 경험하는 시기이기 때문이다. 의학에서도 태아기의 중요성을 강조한다. 의학박사인 코마스 버니의 논문 "태중에 있는 아이의 생명의 비밀"과 존과 폴라 샌 포드의 『상처 받은 영의 치유』라는 책에는 출생 전 경험과 그 결과가 기록되어 있는데 태아는 특별히 어머니의 모든 감정을 태아 자신에게 향한 것으로 느낀다는 사실을 발견하고 이때 태아가 처한 환경이 그의 성격과 인품을 결정한다고 말한다. 태아에게 어머니의 자궁은 모든 세계와 같다.

성경도 태아기에 관하여 말씀하고 있는데, 이는 우리에게 영적인 통찰력을 준다.

"내가 죄악 중에서 출생하였음이여 어머니가 죄 중에서 나를 잉태하였나이다"(시 51:5).

"네가 과연 듣지도 못하였고 알지도 못하였으며 네 귀가 옛적부터 열리지 못하였나니 이는 네가 정녕 배신하여 모태에서부터 네가 배역한 자라 불린 줄을 내가 알았음이라"(사 48:8).

특별히 성경은 태아 때부터 받는 죄의 영향력에 대하여 우리에게 말씀한다. 이 시기에 부모의 영적 환경이 좋지 않다든지 죄를 많이 짓게 되면 태아도 상처를 받거나 죄를 통해 들어온 악한 영들의 영향을 받는다. 태아도 영혼이 있는 인격체이기 때문에 상처받을 수 있는 것이다. 예를 들어 태아기 시절에 부모가 자신과 다른 성별을 원했을 경우, 아이는 자존감이 낮고 자신의 성적(性的) 특성을 거부하거나 부정하는 경향이 있다.

특히 어머니의 감정은 태아와 연결되어 있으므로 모든 부분에서 섬세하게 태아에게 영향을 미친다. 내가 태아기 사역을 하면서 환상 가운데 보았던 태아의 모습은 모두 어머니의 감정과 외부 충격에 완전히 노출되어 있었고 쉽게 영향을 받았다. 특히 부모와 따뜻하게 대화하기를 원했고, 배고픔과 추위에 약한 모습을 보였다. 지금까지 살펴본 태아의 공통적인 요구는 복잡하지 않았지만 핵심적이었는데, 주로 사랑, 만족함, 안정감, 따뜻함으로 나눌 수 있다. 중요한 것은 이때 받은 상처나 이미 자리 잡은 악한 영들의 영향력은 성격이나 건강을 넘어서 아이가 살아갈 환경에까지 영향을 미친다는 것이다.

"이는 그가 주 앞에 큰 자가 되며 포도주나 독한 술을 마시지 아니하며 모태로부터 성령의 충만함을 받아"(눅 1:15).

"보라 네 문안하는 소리가 내 귀에 들릴 때에 아이가 내 복중에서 기쁨으로 뛰놀았도다"(눅 1:44).

또한 성경은 위의 상황과는 반대로 태아 때부터 성령이 임하실 수 있다고 말씀한다. 그 대표적인 사례가 바로 세례 요한이다. 그는 이미 태아기 때 성령 충만함을 받았고, 예수님의 오심을 보고 기뻐하며 뛰놀았다. 그는 성령 충만함 속에 태어나 이 땅에서도 성령 충만한 삶을 살았다. 그는 고독한 광야도 마다하지 않고 하나님과 교통하면서 주의 백성에게 회개할 것을 강력하게 외쳤다. 그는 따르는 제자도 많았고, 당시 왕에게까지 영향을 미친 강력한 인물이었다. 그리고 그 정점에서 하나님이신 예수님께 직접 세례를 베푸는 엄청난 사역을 감당할 수 있었다. 이처럼 태아기 때도 성령 충만할 수 있으며, 많은 은사도 강하게 받을 수 있다.

이처럼 태아기가 영과 혼, 육 모든 부분에서 핵심적인 것을 결정짓는 중요한 시기이니 만큼 치유를 통해 성품적인 문제가 풀릴 수 있다. 태아기 치유의 핵심은 회개하는 가운데 그때 틈을 탄 악한 영들을 내보낸 뒤 부모와 환경으로부터 받은 상처를 치유하는 것이다. 사람이 과거로 돌아가 상황을 바꿀 수는 없지만 영원 중에 계신 주님은 이미 지나버린 시기에도 임재하실 수 있고 태아였던 우리를 안아주실 수도 있기 때문이다. 과거 자체를 바꾸는 것이 아니라 주님의 사랑을 통해 과거에 대한 우리의 인식을 바꾸는 것이다. 즉 어둠과 같았던 태아기 때의 상황이 빛 되신 주님으로 채워지면서 치유가 이루어지는 것이다.

이번 사례는 우리 센터에서 사역을 받던 K 기도원 원장님의 태아기 치유 사역이다. 이 원장님은 회개하는 가운데 있었지만 주님과 더욱 깊이 교제하며 순종하는 삶을 살기 원했다. 그런 원장님에게 나는 태아기 치유의 중요성과 필요성을 설명하며 사역을 소개했고, 은혜를 사모하던 원장님은 기대하는 마음으로 사역받기를 원했다.

태아기 치유는 섬세한 사역이기 때문에 어느 정도 회개하는 기간을 가진 뒤 하는 것이 좋다. 몸에 큰 영들이 있으면 회개도 어려울 뿐만 아니라 사역을 진행하는 것이 어렵다. 또한 보통 태아기 때 기억이 무의식 속에만 남아 있기 때문에 성령의 이끄심에 민감하게 반응할수록 좋다. 우리 센터에서는 먼저 회개를 돕기 위해 진단을 한 뒤 사역한다. 사역 중 더 깊은 진단에 들어가기도 한다. 그렇기 때문에 사역을 받을 때 마음을 열고 사역자의 지도를 신뢰하는 것이 매우 중요하다.

우리 팀 간사를 통해 먼저 원장님의 태아기를 영적으로 진단해보니 생각보다 많은 영이 들어와 있는 것을 확인할 수 있었다. 무엇보다 충격적인 것은 그 시기에 부모님의 우상숭배로 인해 들어온 영이 많았다. 원장님 부모님은 일 년에 열 번도 넘게 제사를 지냈으며, 무당도 많이 섬겼다고 했다. 원장님의 부모님이 무당에게 가서 점을 치거나 무당이 굿하는 것을 구경하면서 제사를 지낸 모든 과정에서 태아의 영혼은 상처를 입었으며, 이때 역사했던 악한 영들은 태아에게도 많은 악영향을 미쳤다.

이처럼 태아기 때 부모가 우상숭배를 했을 경우 악한 영들은 태아에게 직접 영향을 미친다. 그렇기 때문에 영적으로 좋은 가문은 그 자체로 하나님의 축복이다. 그러나 이때 들어온 악한 영들은 태아가 직접 죄를 지어서 들어온 것이 아니라 환경에서 영향을 받은 것이기 때문에 크기가 비교적 작다. 원장님의 경우 태아기 때 환경이 좋지 않았기 때문에 더 많은 영이 들어와 괴로움을 주고 있었던 것이다.

원장님의 경우 두려움의 영, 눌림의 영, 혈기분노의 영이 강했다. 원장님은 부모님이 모두 혈기가 대단해 아무도 당할 자가 없었다고 했다. 원장님은 부모님 사이가 좋지 않아 늘 싸움이 있었고, 그로 인한 두려움과 불안으로 하루도 마음 편할 날이 없었다고 했다. 이를 통해 원장님의 태아 시절에도 부모님이 많이 다투었을 것이라 예상할 수 있었다.

원장님은 자신도 어릴 때부터 혈기가 많아 짜증을 일삼았다고 했다. 후회하며 아무리 다짐을 해도 자기도 모르는 사이에 혈기를 부리고 있었다는 것이다. 게다가 한번 혈기가 나면 불이 난 것처럼 온몸이 뜨거워진다는 것이었다. 태아기 때부터 부모님의 혈기분노가 원장님의 성품과 성격에 큰 영향을 미친 것이다. 아무리 거룩한 삶을 살기를 소망해도 쉽게 고쳐지지 않아 낙심 가운데 있었다고 했다.

원장님은 진단받은 내용을 자세히 보며 회개의 각오를 다졌다. 일주일 후 다시 센터를 방문한 원장님은 회개를 하다 보니 뼈 마디마디가 아프다고 했다. 이렇게 태아기 때 들어온 영들은 뼛속 깊이 박혀 있기 때문에 회개를 하다 보면 신기하게도 그 영들이 나올 때 뼈의 통증을 느낄 수 있다. 사람마다 정도가 다르지만 태아기 치유를 하다 보면 일반적으로 척추나 배꼽 주위, 뼈의 통증을 호소했고, 심장이나 머리에 통증을 호소하기도 했다.

원장님께 회개를 통해 주님의 은혜로 영들이 분리되는 것을 설명한 후 1개월부터 10개월까지 시기별로 본격적인 사역에 들어갔다. 먼저 환상을 통해 태아의 몸에 감긴 영들과 현재 몸에 감긴 영들을 불러냈다. 환상을 통해서 본 태아의 모습은 연약했고 부모님에게 사랑을 갈구했다. 그러나 부모님은 항상 바빴고 함께 다정하게 이야기를 나누는 시간도 별로 없었던 것으로 보였다. 그 당시 상황이 어려웠기 때문에 이해가 되면서도 안타까웠다.

연약한 태아에게 감긴 영은 본인의 죄로 인한 것이 아니기 때문에 대부분 가느다란 영이었지만 때로는 강한 영도 보였다. 원장님은 영들이 표출되어 나가면서 콕콕 찌르는 느낌과 함께 아픔을 느낀다고 말했다. 몸에 워낙 오래 있던 영들이기 때문에 마치 몸과 하나가 된 것처럼 밀착되어 있다가 나가려니 통증이 느껴진 것이다. 척추와 머리, 심장을 중심으로 가늘지만 많은 영이 풀려 나갔다.

원장님은 그 당시 부모님의 죄를 회개하거나 용서하면서 태아인 자신이 느꼈던 불안함을 주님 앞에 내려놓았다. 그리고 계속해서 주님을 부르며 주님의 임재하심을 구했다. 성령이 강하게 임재하실 때는 태아기 때로 돌아가 직접 고백하거나 회개했다. 자신도 몰랐던 태아기 때 상황들과 태아인 자신의 모습을 보니 원장님의 눈에서 눈물이 흘렀다. 자신의 존재에 대해 좀 더 깊이 이해할 수 있게 된 것이다.

우리는 악한 영들을 불러내기도 하고 주님의 따뜻한 음성을 전하기도 했다. "아가야, 놀라지 말아라. 내가 너를 사랑한단다." 주님은 연약한 태아를 안아주시고 따뜻한 음성을 들려주셨다. 그렇게 1개월부터 10개월까지 사역을 진행했다.

이렇게 세 차례 사역을 받고 나서 원장님은 태아기 때 받은 상처로 그동안 너무 억울하게 살았다며 흐느껴 울었다. 그러면서 이 사역을 통해 새로운 인생을 살게 된 것 같다고 했다. 태아기 때 들어온 영들이 한 사람의 성격과 성품, 인격을 형성하여 삶 전체를 뒤흔들어 일그러진 삶을 살도록 역사한다는 것을 깨달았다고 하면서, 태아기 치유는 꼭 풀어야 할 인생의 숙제라고 고백했다. 태아기 치유를 통해 새 삶이 열린 것이다.

원장님은 이제는 전처럼 화가 나지 않는 자신의 모습을 신기해했다. 그리고 이렇게 변화된 모습에 가족과 지인들은 전과 달리 너무 평안하고 여유가 있어 보인다고 했다며 미소를 지었다.

"당연히 부부 사이도 좋아졌고요, 자녀들 또한 우리 엄마가 너무나도 변했다고 놀라워합니다."

원장님은 전에는 남편과 별다른 대화 없이 오랜 시간을 보냈는데 이제는 남편과 대화도 하고 남편을 위해 절실한 축복 기도도 할 수 있게 되었다. 나중에는 선교 여행까지 같이 갈 정도로 회복이 되었다. 이제는 누가 보아도 남편 집사님을 자랑하는 사랑스런 노부부의 관계로 회복되었다. 그렇게 미웠던 남편이 사랑스럽다고 했다. 놀라운 변화가 아닌가. 환상으로 보니 원장님의 속사람은 자유로움 속에서 두 손을 높이 들고 찬양을 하고 있었다. 할렐루야!

나는 태아기 치유 사역을 하면서 태아기 치유를 통해서만 해결할 수 있는 부분이 있다는 것을 알았다. 이를 설명하기는 어렵지만 그것은 사람의 본능적인 욕구와 뿌리가 되는 성품에 대한 부분들이다. 태아 때 받은 상처를 치유받고 주님 품에 안기어 잃어버렸던 주님의 은혜와 축복을 되찾으면 이런 근본적인 문제가 풀어진다. 뿐만 아니라 영적 에너지도 올라가면서 자존감을 찾고 전과는 다른 안정감을 갖게 된다. 이런 변화가 이루어지니 당연히 환경 또한 변하게 되는 것이다.

우리는 사람이라는 본질은 같지만 각자 살아가는 환경은 천차만별이다. 좋은 환경은 그 자체가 하나님의 축복이므로 감사해야 할 일이다. 그러나 좋지 않은 환경에서 자랐더라도 낙망하며 주저앉는 것이 아니라 주님을 바라보며 그 상처들을 이겨내야 한다. 주님은 우리가 감당하지 못할 시험을 주시지 않는 분이시기 때문에(고전 10:13) 그분의 섭리를 신뢰하며 각자가 맡은 인생을 감당해야 한다. 또한 은혜의 주님은 어려움을 이길 수 있는 은사와 은혜를 허락해주시기 때문에 주님을 의지하여 우리의 상처를 이기고 더 단단하게 성장해야 한다. 믿는 자에게는 모든 것이 합력하여 선을 이룬다(롬 8:28). 비록 부모님이 채워주지 못한 부분이 많을지라도 그 빈 곳을 주님으로 채우자. 진정으로 주님은 우리의 목자이자 치료자이며 아버지시다.

장   환경 치유

1. 가정의 회복

결혼 10년 차인 S 집사님은 회사에 다니는 남편과 함께 슬하에 남매를 두고 평범한 가정을 꾸리고 있었다. 집사님과 남편 모두 기독교 집안이었기 때문에 신앙생활을 하는 데 큰 어려움이 없었다. 경제적으로도 어려움 없는, 남부럽지 않은 안정된 환경 속에서 살고 있었다. 그러나 문제가 없는 가정은 없다. 집사님의 부부 관계에 문제가 생겼고 점점 커져만 갔다. 집사님 부부는 서로 마음이 어긋나면서 말 못 할 상처들이 쌓이고 쌓여 매일 같이 냉랭한 다툼 속에서 가정은 깨어지기 직전이었다.

"목사님, 이제 끝났어요."

수화기 너머로 들리는 집사님의 목소리에는 다급함과 답답함이 묻어났고, 곧 흐느낌이 들려왔다. 집사님은 나와 평소 친분이 있던 분으로 내가 영적 조언이나 기도를 해주기도 했고, 집사님은 가끔 우리 교회에 선교 헌금을 보내기도 했다.

통화가 끝난 뒤 집사님은 다급함에 곧바로 우리 센터로 달려왔다. 집사님은 이미 터져버린 눈물 때문에 눈이 퉁퉁 부어 있었고, 이혼 문제로 결국 남편이 자신을 놓아주기로 했다며 다시 눈물을 터뜨렸다. 집사님은 평소에 남편과 대화가 잘 통하지 않아 답답하다고 느꼈고, 대화가 잘 되지 않자 많은 문제가 쌓여갔다. 남편과의 갈등은 효도에 대한 가치관의 차이와 진취적인 집사님과 안정성을 추구하는 남편의 성향 차이에 있었다. 이로 인해 불거진 문제는 시댁과의 관계였다. 결혼한 모든 사람이 이 부분은 공통으로 풀어야 할 문제일 것이다.

이런 상황에서 다른 며느리보다 더 사랑해주고 시댁에서 유일하게 보호막이 돼주었던 시아버지의 소천으로 갈등은 이빨을 드러내기 시작했다. 이 일로 인해 자신과 시댁 전부가 상심한 가운데 시어머니의 시집살이는 날로 더욱 심해졌다. 게다가 장남인 남편은 홀로 있게 된 시어머니를 더욱 신경을 쓸 수밖에 없었고, 시댁과 거리가 가까워 그곳에서 잠을 자기 시작했다. 서로를 다독여도 힘든 시기에 이미 벌어질 대로 벌어진 마음의 갈등은 해결할 기회조차 없었다. 아이들만 보고 참고 살던 집사님의 상처는 결국 터져버렸고, 이제 더는 참을 수 없는 지경에 이르러 이혼하기로 결정을 짓게 된 것이다.

집사님은 본인도 원한다고 생각했던 이혼이 막상 현실이 되니 억장이 무너지고 어떻게 할 바를 모르는 것 같았다. 이러한 정황을 들은 나와 아내는 먼저 흥분되어 있는 집사님의 마음을 안정시켰고, 성령님의 음성에 따라 부부에 관한 성경 구절들을 차분히 읽어주었다.

"말씀하시기를 그러므로 사람이 그 부모를 떠나서 아내에게 합하여 그 둘이 한 몸이 될지니라 하신 것을 읽지 못하였느냐 그런즉 이제 둘이 아니요 한 몸이니 그러므로 하나님이 짝지어 주신 것을 사람이 나누지 못할지니라 하시니"(마 19:5-6).

"아담이 이르되 이는 내 뼈 중의 뼈요 살 중의 살이라 이것을 남자에게서 취하였은즉 여자라 부르리라 하니라 이러므로 남자가 부모를 떠나 그의 아내와 합하여 둘이 한 몸을 이룰지로다 아담과 그의 아내 두 사람이 벌거벗었으나 부끄러워하지 아니하니라"(창 2:23-25).

그리고 나는 차분히 하나님이 세우신 부부의 모습이란 어떤 것인지부터 설명하기 시작했다. 남편은 아내를 자신의 몸과 같이 헌신함으로 아끼고 사랑하고, 아내는 남편을 머리로서 존경하고 섬길 때 부부 사이에 천국이 이루어진다는 내용이었다. 이미 알고 있는 말씀이었지만 성령님은 이 말씀을 통해 집사님의 마음을 어루만지셨다. 어려운 일이 있더라도 같이 기도하며 가정을 주신 하나님을 경외함으로 섬기는 것이 부부의 도리임을 말씀드리며 영적인 부분에 대한 설명을 이어갔다.

첫 번째는 우상숭배의 죄로 인해 집안에서 합법적으로 역사하는 악한 영들이 어떻게 가정에 불화를 일으키는지에 대해 설명했다. 집사님의 이야기를 통해 들은 남편 집사님의 이해하기 어려운 모습들은 제사의 영들에게 영향을 받을 때 나타나는 특징과 많이 일치했기 때문이다. 남편 집사님의 경우 제사의 영들에 의해 변형된 은사들이 많았다. 집사님의 경우는 무당의 영들이 강했는데 이로 인해 자꾸만 관계가 틀어졌다. 집사님의 가정을 깨어지게 하는 것은 악한 영들의 활동 때문이었고, 결국 죄의 삶으로 표출된 사건들이었다. 이와 같이 사람들의 이해할 수 없는 성향들과 이로 인해 생기는 가정의 불화는 영적으로 진단하고 해결해야 하는 부분이 많고, 실제로 해결할 수 있다.

상담을 마친 집사님은 마음이 안정되었다고 하면서 모든 것에 겸손하게 순종하며 남편을 잘 섬기겠다고 했다. 또 감사의 말을 전하며 이제부터 열심히 회개하겠다고 했다. 놀라운 하나님의 역사였다.

그다음 날, 나는 남편 집사님을 만날 수 있었다. 남편 집사님은 별로 말이 없는 무뚝뚝한 남자였다. 나는 이번에도 성령님이 주시는 말씀을 따라 마태복음 19장 5-6절과 창세기 2장 23-25절을 중심으로 남편으로서 지켜야 할 사랑과 헌신의 의무에 대해 나누면서 주님의 사랑을 전했다. 이번에도 성령님이 남편 집사님의 마음을 만져주셔서 남편 집사님의 굳어진 마음을 바꾸셨다. 결국 남편 집사님이 다시 가정을 위하여 살겠다는 고백을 듣고 상담을 마칠 수 있었다. 이렇게 상담 사역을 할 때마다 느끼는 것은 말에는 권능이 있으며 하나님 말씀의 권능은 강력하며 완전하다는 것이다. 상담은 상대방을 이해해주는 말을 하는 것도 중요하지만 말씀에 근거한 말을 하는 것이 더욱 힘이 있고 열매가 있다.

이렇게 상담 사역 중 특별히 부부 관계에 관한 상담을 할 때는 유의할 점이 몇 가지가 있다. 먼저 부부 상담을 할 때는 한 사람씩 상담할 필요가 있다. 부부를 함께 상담할 경우 말다툼으로 이어지기가 쉽다. 그리고 내담자가 정황 설명을 할 때는 한쪽 이야기만 듣고 판단하지 않도록 유의해야 하며, 양쪽 이야기를 모두 들어본 다음 주님의 관점에서 상황을 이해할 수 있어야 한다.

이때 상담자는 내담자가 이미 상처를 입은 상태이기 때문에 누가 옳고 그른지를 따지기보다 성령님의 임재 가운데 주님의 마음과 뜻을 구하며 주님 안에서 최대한 이해하고 수용해야 한다. 물론 주님이 강하게 책망하시는 경우도 있기는 하지만 표현할 때 유의할 필요가 있다.

상담자는 내담자를 이해하고 수용하는 가운데에서도 영적 전쟁에 있다는 사실을 인식하고 감정이 동요되거나 중심이 흔들리면 안 된다. 내담자의 마음이 풀어져 열렸다면, 하나님의 말씀을 통해 자기 자신을 비춰보도록 하고 영적 진단을 통해 악한 영의 정체를 밝혀내야 한다. 그리고 부부가 모두 개인적인 감정이나 생각이 어느 정도 정리되었다면 함께 상담을 진행해도 좋다.

나는 집사님 부부가 어느 정도 안정을 찾았을 때 함께 상담을 진행했다. 남편 집사님과 아내 집사님 모두 서로의 잘못을 인정하게 한 뒤 손을 잡은 두 사람에게 예수님의 이름으로 축복하며 기도를 했다. 그러자 두 사람은 눈물을 흘리며 좋아했다. 사실 두 사람 모두 마음속 갈등이 풀어지기를 더 원했던 것이지 진심으로 헤어지기를 원한 것이 아니었다.

상담을 마치고 난 뒤, 나는 차를 마시면서 본격적으로 부부 집사님에게 회개를 권했다. 이에 아내 집사님이 먼저 회개하기로 바로 결정을 내렸고, 우리 팀은 영적으로 진단을 시작했다. 남편 집사님은 모든 우상숭배의 영이 강했는데 그 중에서도 제사의 영이 강했고, 아내 집사님은 제사의 영과 무당의 영이 강한 편이었다. 그리고 아내 집사님의 어깨와 가슴에는 눌리게 하는 영, 답답하게 하는 영, 근심 걱정의 영들이 많았다. 우리는 다음 사역을 약속하고 상담 사역을 마쳤다.

집사님은 일주일 동안 회개의 시간을 가지고 나서 사역을 받았다. 집사님 머리에는 제사의 영과 무당의 영이 강하게 박혀 있었다. 실제로 집사님은 어릴 때부터 머리 통증 때문에 진통제를 자주 복용했다고 한다. 실제로 집사님 친가 3대는 가족 관계가 복잡한 집안이었고, 외가 3대에는 무당이 있었다. 그러나 집사님이 회개하며 예수 이름으로 악한 영들을 불러내자 머리부터 시작하여 온몸에서 실지렁이 같은 영들이 빠져나가기 시작했다. 그 수가 많아 마치 한 줄기의 검은 물이 흐르는 것처럼 보였다. 아무리 강한 영이라고 할지라도 예수 이름 앞에서는 쫓겨나갈 수밖에 없었다.

그렇게 첫 번째 사역을 마치고 나니 집사님은 초등학생인 아이들에 대한 고민을 털어놓았다. 큰딸의 성적도 고민 중 하나였지만 가장 큰 고민은 막내아들이었다. 아들은 집중력이 약해 산만했고, 이로 인해 학교에서 날마다 꾸중을 들었다. 이 때문에 집사님은 선생님과 자주 상담을 했다. 게다가 아들을 많이 사랑해주었던 할아버지가 돌아가시자, 죽어서 할아버지를 만나고 싶다고 이야기하는 등 의기소침해진 아들의 모습에 놀란 집사님은 눈물을 흘리며 속상한 마음을 털어놓았다. 우리는 부모님이 변하면 아이들도 변한다고 말씀을 드리며 회개에 열심을 내라고 권면했고, 집사님은 다음에는 아이들과 함께 센터에 오기로 약속했다.

그 후 집사님은 두 번 더 사역을 받았는데 많이 회복되었다는 간증을 했다. 집사님은 저녁마다 잠이 오지 않아 늘 괴로웠는데 회개하며 사역을 받고 난 후로는 눕기만 하면 깊은 잠을 잔다는 것이었다. 악한 영들을 쫓아냈더니 집사님의 불면증이 치유된 것이다. 이를 통해 확신할 수 있는 것은 불면증을 유발하는 여러 원인이 있겠지만 그 중 영적인 원인이 크다는 것이다. 대체로 영들이 많으면 잡생각이 많아지는데, 사람이 영적으로 가장 예민해지는 때가 잠들기 전이므로 악한 영들의 에너지도 더 잘 느껴지고 악한 영들의 말소리가 마음이나 생각, 때로는 귀에서 들리기 때문에 잠을 이루기 어려운 것이다. 집사님의 경우도 회개와 사역을 통해 어느 정도 영이 제거된 상태였기 때문에 불면증이 사라진 것이다.

집사님은 세 번째 사역에 아이들과 함께 회개하며 사역을 받았다. 집사님의 아이들은 아직 어린아이인데도 머리에 제사의 영들이 강하지는 않지만 많았다. 그러나 주님은 아이들의 회개를 매우 기뻐하셨고, 악한 영들이 확연히 더 잘 나갔다. 정말 감사한 일이었다.

몇 번의 사역을 통해 집사님의 영적 문제가 어느 정도 해결되기 시작되자 자녀들도 변화되기 시작했다. 초등학생인 딸은 처음으로 100점을 맞았고 아들도 너무 좋아져 선생님에게서 처음으로 전화를 받았다는 것이다. 주님이 집사님의 고민을 풀어주신 것이다. 부모가 변화되어야 자녀들이 변화된다는 말은 명확한 사실이었다. 남편 집사님도 진단을 받고 회개하기로 했지만 아내와 아이들이 변화되는 것을 보고 나서야 회개하기 시작했다.

아내 집사님은 이후 더욱 회개에 정진하여 쓴 뿌리 사역을 받았다. 쓴 뿌리 사역은 앞에서 언급한 것처럼 주님의 말씀을 따라 진행되는 사역으로 우상숭배에 관해 더 깊은 회개를 하는 사역이다. 더 깊은 은혜와 악한 영들에게서 자유함을 얻을 수 있는 사역으로 쓴 뿌리 사역을 통해 많은 역사와 치유가 일어났다.

집사님은 쓴 뿌리 사역에 대한 진단을 받고 회개 기간에 들어갔다. 그러던 중 집사님은 알 수 없는 머리 통증으로 급히 센터로 왔다. 집사님은 갑작스러운 통증에 덜덜 떨며 정신이 하나도 없어 보였다. 진통제를 먹었는데도 통증이 가라앉기는커녕 오히려 더 아프고 어지러워 어찌할 바를 모르겠다며 연락한 뒤 바로 센터로 달려온 것이다. 집사님의 머리를 보니 이마와 머리에 가시 철망처럼 우상숭배의 영들이 많이 돌출되어 있었다. 나는 깊은 회개로 인해 악한 영들이 표출된 보편적인 현상이라고 알려주고 바로 사역에 들어갔다.

회개를 통해 영들이 빠져나가면 영들에게 감겨 있던 부분이 회복되면서 영적인 감각들이 살아나기 시작한다. 그 이유로 몸 안에 있던 영들이 밖으로 나오는 것을 스스로 느낄 수 있게 된다. 깊은 회개 중 나타나는 실제적인 통증은 실제로 몸에 묶여 있고 박혀 있던 영들이 빠져나오는 과정을 느끼는 것이다. 악한 영의 존재를 실제로 체험하는 것은 매우 감사한 일이다. 그렇기 때문에 깊은 회개 중 느껴지는 통증에 놀라거나 두려워하지 않아도 된다.

이런 경우 소리를 내어 역사하는 악한 영들을 예수님의 이름으로 대적해야 한다. 사역자인 나도 회개하다가 영이 표출되면 이렇게 스스로 사역을 한다. 때로는 혼자 해결이 되지 않는 경우가 있는데 그럴 때 영권이 있는 사역자에게 사역을 받으면 좋다.

사역에 본격적으로 들어가니 마치 응급실에 온 환자를 치료하는 것 같았다. 머리에 있는 영들을 집중적으로 불러내니 꽤 강하게 생긴 철조망 같은 악한 영들이 빠져나갔다. 그렇게 40분 정도 사역을 하고 나니 집사님은 새파랗게 질렸던 얼굴에 혈색이 돌아오며 그제야 안도의 숨을 쉬면서 안정을 찾았다. 언제 아팠는지도 모를 정도로 통증이 사라진 것을 체험한 집사님은 이 모든 일을 신기해하며 평안한 마음으로 집으로 돌아갔다. 이후에 이어진 정식적인 쓴 뿌리 사역 또한 주님의 은혜로 순조롭게 마무리 되었다.

집사님은 두 사역 과정을 거치면서 가정과 자녀, 건강과 관련한 어려움들이 회복되었고, 하나님의 은혜 가운데 영적으로 많이 성장했다. 남편과의 관계가 회복되면서 깨어지기 직전이었던 가정이 소생했고, 아이들도 안정을 찾았다. 그리고 예배에 대한 은혜도 회복되었고 실제로 악한 영을 보기도 하면서 전과 같이 형식적인 신앙생활이 아닌 영적인 것을 사모하는 신앙생활을 하게 되었다. 그리고 감사하게도 지금까지도 회개의 끈을 놓지 않고 가끔씩 사역도 받는다. 많은 사람이 보이는 문제만 해결되면 깊은 회개를 중단하고 이전으로 돌아가는 경우가 많은데 참 감사한 일이다. 사역자로서 내가 맛볼 수 있는 가장 큰 열매는 주님의 양들이 깊은 회개를 통해 거룩함을 향해 나아가는 것이라고 생각한다.

무엇보다 이번 사역을 통해 확증할 수 있었던 것은 회개 사역으로 영적 문제가 해결되면 가정의 회복도 이루어질 수 있다는 것이다. 악한 영들은 우리가 맺고 있는 수많은 관계에 역사하고 있고, 그렇기 때문에 회개할 때 주변과의 관계가 회복될 수 있다. 우리가 속한 공동체는 소중하며, 그 중 가정은 더욱더 소중하다. 이 소중한 가정을 지키려면 자신과 가정에 대해 반드시 회개해야 한다. 나 자신을 영적으로 지킬 수 있어야 가정도 지킬 수 있다. 모든 그리스도인은 영적인 군사로 우리 자신과 가정, 주변까지도 지키는 한 사람 한 사람이 되기를 소망한다. 이처럼 한 가정을 깨어질 위기에서 구해주신 것은 하나님이셨다.

2. 목회는 하나님이 하신다

A 목사님은 비록 교회의 규모가 크지는 않지만 내실을 잘 갖추고 안정적인 목회를 하고 있었다. 교회의 분위기는 영적이면서도 말씀에 중심을 두어 균형이 있었고, 기도가 식지 않는 교회였다. 목사님은 결혼을 한 뒤 신학교에 다닐 때 귀신을 보고 방언이 터지면서 다른 사람에게 손만 얹어도 방언의 은사가 전이되는 영적인 체험을 했다. 그 뒤로 영적 사역에 대한 눈을 뜨게 되었다. 그러나 시간이 지날수록 어떤 이유에서인지 그 은사가 점점 약해져 갔다.

영적인 갈급함이 있던 목사님은 아내 사모님을 통해 우리 센터에 관한 소식을 듣고 오게 되었다. 목사님은 잃어버린 영적인 능력을 회복하고 더 깊은 은혜를 받기 원했다. 영적이라고 하는 곳을 여러 군데 가보기도 했고, 깊은 회개에 힘쓴 적도 있었다. 목사님의 영적 상태를 진단해보니 주님은 특별히 영적인 뿌리와 관련한 사역을 하기 원하셨다. 원인이 되는 영들과 관련한 진단을 했는데 많은 영이 있었다. 우상숭배의 영이 가장 강력했고, 영적으로 꽤 넓은 범위의 영들과의 전쟁이 필요했다. 목사님은 진단된 내용을 보고는 이렇게 많은 영이 역사했는지 몰랐다면서 그 심각성을 인지했다. 목사님은 본격적인 회개와 사역에 바로 임하기로 했다.

목사님과 나 자신을 보면서 느낀 것은 회개에 깊이 들어갈수록 많은 회복을 경험하지만, 반대로 나에게 있는 죄가 얼마나 크고 많은지 발견하게 된다는 것이다. 회개를 하면 할수록 오히려 자신이 죄 덩어리임을 알게 되는 것이다. 사도 바울 또한 깊은 은혜 가운데 있으면서도 자신을 죄인의 괴수라고 했다. 나도 지난 10년 동안 깊은 회개를 하며 사도 바울의 고백의 의미를 이제야 실제적으로 알게 되었다. 나 자신 또한 본질적인 연약함 때문에 회개의 은혜를 끝까지 붙잡을 수밖에 없는 것이다. 그렇기 때문에 사역을 받는 모든 사람도 이런 은혜 속에 머물기를 바란다.

그러나 예상과 달리 깊은 회개의 은혜를 끝까지 붙잡는 사람은 매우 드물다. 많은 사람이 먼저 자신의 문제를 해결받기 위해 센터를 찾아온다. 처음에는 문제가 해결되는 은혜를 경험하고 기뻐하지만, 이내 회개를 내려놓는 경우가 허다하다. 회개의 은혜를 끝까지 붙잡는 사람도 있지만 대부분 시간이 가면 갈수록 회개에서 멀어져 결국 더 큰 은혜를 놓친다. 그 이유는 회개 기도가 방언 기도보다 어렵고 힘들기 때문이다. 그리고 주님보다는 주님이 주시는 선물에 더 관심이 많으면 깊은 회개를 계속하기 어렵다. 물론 자신의 의지와 관계없이 악한 영들의 방해가 많아 회개가 어려운 경우도 있다. 그러나 주님을 사랑함으로 좋지 않은 영적 환경도 돌파할 수 있는 것이다.

그러므로 회개 사역의 핵심은 무엇보다 주님의 마음과 그 의도를 깊이 알아 주님과의 관계가 더욱 깊어지는 것이다. 우리는 본질을 놓쳐서는 안 된다. 우리의 목표는 주님의 영광과 기쁨이 되는 것이지 단순한 문제

해결이 아니다. 순수하게 주님을 사랑하는 것이 회개하는 목표가 되어야 한다.

감사하게도 이 목사님은 깊은 회개의 경험도 있었고 끝까지 회개를 놓지 않으려고 몸부림을 쳤다. 목사님은 일주일 뒤 센터를 다시 방문했다. 본격적인 사역에 앞서 목사님은 회개하던 중 이상하게 배가 불룩 올라온다고 했다. 살펴보니 배에 있던 영들이 표출되면서 나타나는 현상이었다. 나는 목사님께 배에 있던 영들이 회개로 인해 떠오르면서 실제로 배까지 따라서 올라온 것이라고 말하고, 악한 영들이 다 나가면 정상으로 돌아올 것이라고 했다.

나는 우상숭배의 영들과 여러 영을 예수 이름으로 불러냈다. 떠 있던 영들이 빠져나가기 시작하는데 마치 알에서 막 부화한 물고기 떼처럼 악한 영들이 배에서 표출되어 나갔다. 그렇게 악한 영들이 나가자 부풀어 있던 배도 다시 가라앉았다. 목사님도 사역을 받은 뒤 부풀어 오른 배가 가라앉은 것을 보고 신기해하며 안심하고는 더욱 회개에 힘쓰기로 약속했다. 지속적으로 회개할 수 있는 것 그 자체가 축복이고 은혜다.

일주일 뒤 목사님은 품이 큰 옷을 입고 왔는데 그 이유는 이번에도 다시 부풀어 오르는 배 때문이라는 것이다. 게다가 이번에는 배만 부푼 것이 아니라 마치 가슴이 벌어지는 것 같은 통증이 있다고 하면서 혹시 건강에 문제가 있는 것은 아닌지 염려했다. 나는 이런 현상에 대해 고민할 필요가 없다는 말로 안심을 시켰다. 나는 사역을 받는 사람들에게 사역을 받는 기간 동안 질병이 발생하면 언제든 병원에 가라고 말한다. 그러나 이번 경우는 배와 가슴에 있는 영들이 회개함으로 떠오르는 것이 확실했기에 매우 잘하고 있는 것이라고 격려하며 사역을 시작했다.

사역을 하면서 살펴보니 악한 영들이 철사처럼 올라와 있는데 목사님의 가슴을 감아 놓은 것처럼 표출되었다. 철사와 같은 강한 재질의 세력들이 올라와 있으니 통증이 있을 수밖에 없었다. 실제로 철사가 가슴에 박혀 있다고 생각해보라. 통증이 얼마나 크겠는가? 악한 영들을 그렇게 하나하나 불러내니 이번에는 가슴과 배에서 흔들리는 갈대처럼 움직이며 빠져나갔다. 한 시간 정도 사역을 하고 나서 마무리로 축복기도를 하며 주님께 채우심의 은혜를 구하니 성령님이 임하시는 것이 느껴졌다. 악한 영이 나간 곳에 주님이 은혜를 부어주시는 것이다.

오랜 기간 동안 회개 사역이 진행되었다. 목사님은 이후에도 여러 사역의 단계를 거쳤다. 목사님은 끝까지 인내했고 우리의 지도를 신뢰하면서 잘 따라와 주었다. 목사님은 회개 사역의 과정을 통해 잃어버렸던 영적인 은혜의 회복이 있었다고 고백했다. 방언 전이와 통변이 회복되었고, 온 몸을 통해 사람들의 심령과 성령의 터치를 민감하게 분별하기 시작했다. 더 나아가 교회가 새롭게 부흥하기 시작했다. 목사님은 교회에서도 계속해서 성도들과 함께 회개했는데 목사님이 영적으로 열리자 성도들에게도 물질의 축복이 더 열리기 시작했다. 교회가 더 좋은 장소로 이전하게 되었고, 주님이 영적인 은혜를 사모하는 새로운 사람을 계속 보내주셨다. 특히나 교회 부흥이 어려운 이 시기에 부흥이 일어난 것이다. 이렇게 회개의 열매들은 실제 삶과 현장에서 이루어진다.

목회는 하나님이 하신다. 하나님은 항상 주님의 종들을 통해 역사하시는 방법을 쓰시기 때문에 주님의 종이 준비된 만큼 역사를 열어가시는 경우가 일반적이다. 그것이 교회에 주시는 복이다. 주님이 쓰시는 준비된 그릇이 되려면 다양한 방면에서 준비가 되어야 하는데 그 중 영적으로 준비되는 것이 매우 중요하다. 영적으로 준비되는 것 중 가장 중요한 것은 거룩한 것과 주님을 사모하는 것이다. 거룩하고 깨끗한 그릇으로 준비되어 주님만을 뜨겁게 사모하는 자에게 하나님은 놀라운 능력을 부으신다. 거룩하신 하나님은 거룩한 자와 가까이하시기 때문에 하나님을 사랑하는 모든 사람은 더욱 깨끗해지고 거룩해지기 위해 힘쓴다(요 15장). 죄에서 멀어지고 주님과 가까워질수록 우리는 진정으로 능력 있는 목회를 할 수 있다. 진정으로 주님의 양들을 치며 먹일 수 있는 목회가 열리는 것이다. 거룩한 종의 목회는 하나님이 하신다.

3. 중도 포기

나는 깊은 회개를 체험한 뒤 영적으로 더 열리면서 어떤 모임에 가도 그 은혜를 전하기 원했다. 특히 영적으로 곤고한 목사님들을 향해 이 은혜를 전하고 싶었다. 영적으로 깨어나는 주의 종이 많아질수록 한국 교회 또한 영적으로 깨어나기 때문이다.

여느 때처럼 노회가 돌아왔고 나는 주님께 회개의 은혜를 전할 종을 붙여달라고 기도했다. 그렇게 주님이 주실 은혜를 기다리던 중 B 목사님을 만났다. 다른 분들에게도 회개의 은혜를 전했지만 B 목사님께는 특별히 주님의 이끄심이 있었다. 나는 노회가 끝난 뒤 바로 목사님 내외분을 우리 센터로 초대했다. 감사하게도 목사님 내외분은 그 초대에 응하셨다. 우리는 교회로 와서 다과를 들며 회개의 은혜에 대해 더 깊이 이야기를 나누었다. 그리고 내가 사역을 소개하자 목사님은 이런 은혜를 알게 해주어 고맙다는 말씀과 함께 회개에 동참하기로 했다. 주님이 이끄시는 자만이 이 사역에 동참할 수 있다는 것을 절실히 느꼈다.

이야기를 들어보니 목사님은 목회가 풀리지 않는 어려운 상황에 있었다. 사실 목사님이 개척을 준비하던 초반에는 주님의 은혜로 어떤 목사님을 통해 건물을 소개받았고 모든 준비 과정이 순조로워 보였다. 소개받은 건물을 리모델링하고 난 뒤 간판을 걸고 감격스러운 첫 예배를 드렸다.

그렇게 본격적으로 목회가 시작되는가 싶었는데 얼마 지나지 않아 큰 문제가 생겼다. 교회 건물을 소개해준 목사님이 난데없이 그 장소를 자신이 사용하겠다고 으름장을 놓기 시작한 것이다. 세상 물정을 몰랐던 목사님은 되찾을 방법도 알지 못한 채 그대로 모든 것을 빼앗겼고, 보증금도 받지 못하고 쫓겨나게 된 것이다. 그 후 목사님은 한 기도원에서 1년 동안 봉사하며 생활을 근근이 이어갔다. 가족 모두가 겪은 고생은 말로 다할 수 없었다. 그러던 중 어느 작은 시골 교회로 부임해 현재까지 목회하고 있었지만, 미자립 교회로서 여전히 힘든 상황 가운데 있었다.

  나는 목사님에게 영들이 상당히 많을 것을 예상했는데, 영적 진단을 해보니 역시 무당의 영과 앞길을 방해하는 영의 종류가 상당히 많았다. 교회에 일어난 일은 겉으로 보면 사람에게 사기를 당한 것처럼 보였지만 실상은 악한 영이 역사하여 하나님의 축복을 틀어지게 만든 것이다. 다시 말해 이 악한 영들만 없었다면 그런 어려움은 겪지 않았을 것이다. 그 후 목사님은 할머니가 무속의 일을 했다는 충격적인 고백을 했다. 그 일에 대해 충분히 회개하지 않아 악한 영들이 교묘하고 파괴적으로 목사님과 가정, 목회까지 공격하고 있었던 것이다.

  이처럼 만약 가족 가운데 무당이나 중처럼 우상숭배에 앞장선 사람이 있었다면 매우 철저히 회개해야 한다. 이런 경우 계약을 통해 들어온 악한 영이 상당히 많다. 우상숭배의 수준에 따라 매우 큰 영이 몸과 그 가정에 들어오게 되어 시간과 장소에 관계없이 항상 그 사람에게 역사하는 것이다. 일반적인 사람이라도 무당이나 중에게 느끼는 위압감은 바로 이런 영들이 몸과 그 사람 주위에 있기 때문이다. 중요한 것은 악한 영을 섬기기로 한 이 계약이 그 자신뿐만 아니라 가족 모두를 악한 영의 영향력 아래 놓이게 하며 파멸시킨다는 것이다.

이런 가문의 후손 중에는 선대가 했던 것처럼 우상숭배를 이어가며 이 땅에서 잘 사는 경우도 있다. 물론 결국 그들은 영육 간에 망하게 되지만, 그들이 세상적인 성공의 궤도에 있는 것을 보면서 이상하게 생각하는 사람도 있을 수 있다. 반대로 이런 가문에서 처음으로 예수님을 믿는 사람이 나올 경우 이상하리만치 어려운 삶에서 신앙생활을 하게 되는데, 우상숭배를 하는 다른 자손들과 비교해보면 형편없이 못사는 경우가 많다. 이런 경우 영적인 상황을 제대로 알지 못하면 예수님을 믿기 때문에 어려움이 왔다는 오해를 사게 된다. 이렇게 영적으로 최악인 가문에서 예수님을 믿게 되는 경우 목숨을 걸고 치열한 영적 전쟁을 치러야 살 수 있다.

"마귀가 또 예수를 이끌고 올라가서 순식간에 천하만국을 보이며 이르되 이 모든 권위와 그 영광을 내가 네게 주리라 이것은 내게 넘겨 준 것이므로 내가 원하는 자에게 주노라 그러므로 네가 만일 내게 절하면 다 네 것이 되리라"(눅 4:5-7).

우상숭배자들이 성공하는 이유는 실제로 마귀가 하나님이 허락하신 권세를 가지고 있기 때문이다. 마귀를 잘 섬길 경우 마귀가 주는 세상적인 성공이 존재한다. 그렇기 때문에 악인의 형통함은 죄가 된다(잠 21:4). 죄 가운데 있으면서 형통한 것이 저주가 되는 것은 그들이 회개할 기회를 찾을 수 없기 때문이다. 그 당시는 잘되는 것처럼 보이지만 죄의 양이 차면 하나님의 무서운 진노가 불같이 임할 것이다.

그러므로 우상숭배에 앞장섰던 가정에서 그리스도인이 제대로 서려면 엄청난 각오를 해야 한다. 하나님의 크신 능력으로 구하지 않으신다면 이런 사람들은 이 땅에서 어렵게 사는 경우가 대부분이다. 이것을 헤쳐 나갈 길은 끈기를 가지고 진실하게 회개하는 것뿐이다. 주님이 인정하실 때까지 눈물을 흘리며 무릎을 꿇어야 한다. 회개함으로 마귀와의 큰 싸움에서 승리해야 한다. 예수 그리스도의 능력을 힘입는다면 승리할 수 있다.

목사님은 영적 진단을 받은 뒤 마음을 다하여 회개했다. 그리고 일주일 뒤 다시 우리 센터로 찾아와 고백하기를 지금까지 이렇게 회개하는 것을 몰랐지만 직접 해보니 회개의 내용이 너무 좋다는 것이었다. 그렇게 첫 번째 사역을 진행해보니 목사님과 사모님의 온 몸에 많은 우상숭배의 영이 둘둘 감겨 있는 것이 보였다. 특별히 무당의 영이 머리와 가슴, 배까지 강하게 자리를 잡고 있었다. 악한 영들을 불러내자 이 영들이 풀어져 올라오기는 하는데 회개가 충분치 않았는지 조금씩 풀어져 올라왔다.

사역을 마치고 나는 두 분께 더욱 열심히 회개할 것을 요청했다. 그리고 주님이 허락하셔서 우리 교회에서 작은 선교비를 지원했다. 이후 세

번 정도 사역을 받았는데 그때부터 하나님의 역사가 일어나기 시작했다. 세 번째 사역은 2주 만에 하게 되었는데, 그것은 자립이 가능한 교회의 담임 목회자로 초청되어 부임을 하게 되었기 때문이었다. 얼마나 큰 하나님의 역사인가. 놀랍고 감격스러운 소식에 하나님께 감사드릴 수밖에 없었다. 그래서 나는 더 열심히 회개할 것을 권했는데, 갑자기 뜻밖의 이야기를 했다. 목사님은 이 사역에 대해 확신이 없다고 하면서 부임한 교회 사역에만 집중하겠다는 것이었다. 아직 사역의 첫 번째 단계도 끝나지 않은 상황이었었다. 목사님 내외분은 그렇게 인사를 하고 센터를 떠났다.

안타깝게도 목사님에게 역사하던 앞길을 막는 영은 회개의 길도 막았고, 의심의 영들이 역사하여 목사님은 회개를 하면서도 일어나는 역사들을 끝까지 믿지 못했다. 게다가 영적 세계에 대해 무지하고 영적인 사모함도 약했던 목사님은 끝내 중도 포기를 선언한 것이다. 어려웠던 문제가 막상이 해결이 되니 더는 회개가 필요 없어진 것이다. 나중에 목사님에 대한 소식을 들어보니 교회 정치와 관련된 일을 한다는 것이었다. 나는 목사님이 잠시나마 깨달았던 회개의 끈을 끝까지 놓지 않기를 안타까운 마음으로 바란다.

우리는 환경과 상관없이 주님 앞에 겸손히 회개하고 무릎을 꿇어야 한다. 나와 같은 죄인에게 좋은 환경을 열어주시면 감사한 일이고, 나와 같은 죄인에게 어려움이 닥치면 죄의 징벌로 알고 겸허히 회개하면 된다. 물론 힘이 드는 것은 사실이다. 그러나 우리는 주님의 은혜와 긍휼, 자비

없이는 살 수 없다는 것을 매 순간 철저히 깨달아야 한다. 그래야 어려운 환경이 풀려도 더욱 주님만 바라볼 수 있다.

  우리는 하나님을 도구로 사용하는 것이 아니라 우리가 하나님의 도구로 사용되어야 한다. 우리는 힘들 때만 주님을 찾는 것이 아니라 환경에 관계없이 주님이 기뻐하시는 일이라면 기쁨으로 뛰어들어야 한다. 중도에 포기하는 것은 시작하지 않은 것만 못하다. 시작도 중요하지만 끝은 더욱 중요하다.

4. 죽음의 칼날에서 건지신 주님

　우리와 함께 센터에서 회개하시는 목사님이 남편 집사님을 데리고 센터로 왔다. 남편 집사님의 첫인상은 굉장히 강렬했고, 예사롭지 않은 카리스마가 있었다. 목사님은 남편 집사님을 놓고 많이 회개했는데 남편 집사님에게 주시는 주님의 말씀을 받기 원했다. 목사님이 간절히 부탁했기에 우리 팀은 주님께 남편 집사님에게 주실 말씀을 여쭈어보았다. 주님은 남편 집사님에 대해 굉장히 마음 아파하셨다. 사자의 발톱 가운데 있는 집사님을 구원하셨는데 앞에 서슬이 퍼런 날이 다가온다고 하시면서 계속될 영적 전쟁에서 이기기를 원하신다고 말씀하셨다. 우리가 받은 주님의 말씀이 너무나 정확했음이 나중에 드러난 일을 통해 한 번 더 확인되었다.

　주님은 집사님이 특히 혈기와 두려움에 대해 회개하기를 원하셨다. 나중에 들어보니 집사님은 어렸을 때부터 가난하고 복잡한 가정환경 속에서 상처를 받으면서 혈기를 누르며 살아왔다고 한다. 아내 목사님은 그런 남편 집사님이 센터에 와서 사역을 받는 것 자체가 기적이라고 했다. 나는 집사님에게 회개의 중요성을 말했다. 집사님은 센터와 거리가 먼 지역에 있었지만 감사하게도 사역을 받기로 약속했다.

　집사님은 영적으로 심각한 상태에 있었지만 사업 때문에 바빠 회개에 온전히 집중하지 못했다. 그래도 첫 번째 사역에서 우리는 무당의 영과 혈기의 영, 두려움의 영을 집중적으로 뽑아냈다. 특이하게도 집사님은 어깨와 팔 부분에 산적의 영, 살인의 영이 있었다. 산적의 영 같은 경우 산적과 같이 남의 것을 억지로 빼앗을 때 들어온다. 이 영이 역사하면 내가 가진 것도 억지로 빼앗길 뿐만 아니라 나도 모르게 남의 것을 억지로 빼앗는 행동을 하게 된다. 그렇기 때문에 속히 해결해야 할 악독한 영이다. 악한 영들이 잘 나가는 편은 아니었지만 그 뒤로도 여러 번 사역을 진행했다.

그래도 기본적인 사역 단계를 마칠 수 있었고 곧바로 쓴 뿌리 사역에 들어갔다. 어렵게 잡은 영적 흐름을 이어가는 것도 매우 중요하다. 집사님은 쓴 뿌리 사역 진단을 받고 할 수 있는 만큼 회개한 후 사역을 받았다. 쓴 뿌리 사역을 시작하며 살펴보니 집사님의 배와 가슴 부분에 강한 뿌리 4개가 박혀 있는 것이 보였다. 나는 그것을 힘을 다해 끊어냈다. 그러자 뱀장어 같은 영이 꿈틀거리며 치솟아 올라왔다. 그냥 두었다면 질병을 일으킬 정도로 큰 영이었다. 그래도 예수 이름의 권세 앞에 악한 영들은 쫓겨 나갔다. 회개도 많이 되지 않았고 세력들도 힘이 강해 조금 힘든 사역이었지만 그래도 무사히 사역을 마쳤다

사역을 할 때 가장 힘든 경우는 굳게 닫힌 마음과 미지근한 태도다. 마음이 굳게 닫히면 회개할 수 없기에 사역이 매우 어렵다. 그나마 미지근한 태도라도 인정하며 회개하는 것이 조금 낫다. 이번 경우는 회개가 약

했기 때문에 작은 영들도 나가지 않으려고 버텼다. 다시 말해 악한 영들의 힘이 강한 것이다. 이런 경우 사역자도 사역하면서 더 많은 힘이 들어가게 된다. 악한 영들이 느리게 떠오르고 조금씩 나가기 때문에 깔끔하게 뿌리까지 뽑기가 쉽지 않다. 그만큼 적극적인 회개가 중요한 것이다.

이렇게 쓴 뿌리 사역을 마친 뒤 집사님에게서 좋은 소식이 들려왔다. 그토록 기다려온 중요한 계약이 성사되었다는 것이다. 참으로 감사한 일이었다. 기쁨으로 들뜬 집사님은 우리 센터에 대해 여러 가지 약속을 호언장담했다. 그러나 나는 집사님이 아직 안정권에 있는 것이 아니기 때문에 회개를 놓지 말고 사역을 받을 것을 권했다. 몸에 있는 영들이 어느 정도 해결되었다고 해도 아직 환경에 역사하는 악한 영이 많기 때문에 방심하다가는 공격을 당할 수 있는 상황이었다. 하지만 집사님은 사업을 핑계로 회개에서 점점 멀어져 갔고, 호언장담했던 약속들 또한 흐지부지되었다.

지금까지 사역을 해본 결과 사역의 여러 단계를 거쳤다고 해도 사람마다 해결되는 범위와 강도는 달랐다. 무엇보다 중요한 것은 그런 사역의 단계를 거쳐 자신이 깊은 회개의 길로 들어서는 것이다. 다양한 진단과 사역을 받고도 정말 깊이 회개하지 않았다면 수박 겉핥기에 불과한 것이다. 특히나 영적 환경이 좋지 않거나 강한 영이 많은 경우 지속적으로 깊은 회개에 많은 시간을 쏟아야 한다. 그러나 아이러니하게도 악한 영이 많을수록 방해도 강하기 때문에 깊이 회개하지 못하고 지속적으로 하지도 못한다.

　그 후 얼마 지나지 않아 집사님에 대한 소식이 들려왔다. 사업과 관련하여 계속 이권 다툼이 있었는데 집사님이 많이 불리한 상황이라는 것이다. 하루는 집사님이 차를 몰고 약속 장소로 가고 있었다. 방향을 바꾸려고 운전대를 돌렸는데 고장이 났는지 작동하지 않았다. 어떻게 해볼 틈도 없이 차는 제멋대로 미끄러지다 어딘가에 부딪히고 말았다. 그 순간 집사님은 '주여' 하는 외마디 소리와 함께 의식을 잃고 말았다. 잠시 후 의식이 돌아와 눈을 떠보니 차는 도로공사를 하기 위해 쌓아놓은 모래에 부딪혀 멈춰 있었다. 천만다행이었다. 집사님은 크게 다치지 않았다. 차를 폐차해야 할 정도로 큰 사고였는데도 집사님은 기적적으로 크게 다치지 않은 것이다. 나중에 알아보니 누군가가 고의로 핸들을 풀어놓아 사고를 조작한 것이었다. 집사님 주위에 아직까지 많은 위험이 도사리고 있었다.

　이 사고를 통해 나는 주님이 처음 집사님에게 하셨던 말씀이 떠올랐다. 그 내용을 다시 상기해보니 "서슬이 퍼런 날"이라고 하신 것은 이런 큰 사고가 있을 것을 말씀하신 것이었고, 사자의 발톱 가운데 있다는 것은 집사님과 사업이 위험한 가운데 있다는 것을 보여주신 것이며, 구원하셨다는 이야기는 누군가 고의로 일으킨 그 사고에서 집사님을 건지셨다는 놀라운 내용이었던 것이다.

　너무나 정확하고 놀라운 주님의 말씀에 전율이 흐를 수밖에 없었다. 그래도 집사님 나름대로 최선을 다해 회개했기에 죽음의 칼날에서 목숨을 건짐 받은 것이다. 차가 모래에 부딪히게 하신 것은 하나님이 지켜주신 것이다. 악한 자의 모사에서 건지신 주님을 찬양한다.

그 후 목사님은 계속해서 남편과 자녀를 위해 회개하고 있다. 남편 집사님은 다시 볼 수 없었다. 주님은 끝까지 순종하며 영적 싸움에서 승리하길 원하셨지만 순종의 기간은 너무나 짧았고 그 힘 또한 약했다. 이후 집사님은 또다시 위험한 사건에 휘말리게 되었는데, 큰 위험은 피했지만 서슬 퍼런 죽음의 칼날은 계속해서 집사님 주위를 맴돌았다. 이런 큰 사건들이 연속해서 일어나면서 성사되었던 사업 계약은 결국 파기되고 말았다. 집사님은 비록 사망에서는 구원받았지만 어려움이 계속 찾아왔다. 집사님은 회개해야 살 수 있는 분이었다.

너무나 안타까운 점은 집사님이 계속해서 회개의 끈을 놓지 않았다면 이렇게까지 위험한 일을 겪지 않았을 것이며 더 형통했을 것이다. 지금이라도 주님 앞에 순종하며 돌아온다면 하나님의 크신 은혜를 경험할 수 있을 것이라는 생각에 안타까운 마음을 금할 길이 없다. 주님이 집사님에게 은혜를 부어주시기를 간구할 뿐이다.

"주께 피하는 자들을 그 일어나 치는 자들에게서 오른손으로 구원하시는 주여 주의 기이한 사랑을 나타내소서 나를 눈동자 같이 지키시고 주의 날개 그늘 아래에 감추사 내 앞에서 나를 압제하는 악인들과 나의 목숨을 노리는 원수들에게서 벗어나게 하소서"(시 17:7-9).

우리가 피할 가장 안전한 산성은 오직 우리 하나님이시다. 한 치 앞도 알 수 없는 위험에서, 질병에서 그리고 어려움에서 하나님 외에 누가 나와 나의 가정을 지킬 수 있겠는가. 우리가 회개하는 이유는 악한 영들을 내쫓으려는 것도 있지만 그보다도 더 중요한 것은 하나님의 완전한 보호하심 아래 들어가기 위해서다. 하나님은 우리가 당신의 보호를 받으며 안정된 삶을 살기 원하신다.

우리는 말씀에서 읽은 주님의 보호하심을 얼마나 삶에서 경험하고 있는가. 어떤 이는 주님의 놀라우신 보호 속에서 평안한 삶을 누리며 살고, 또 어떤 이는 굴곡진 삶 속에서 순간순간 보호하심 속에서 살기도 하며, 또 어떤 이는 주님의 보호하심이 너무 미세해 큰 어려움과 역경 속에서 간신히 마음의 위로만 받으며 살기도 한다. 같은 인생이지만 너무나 다른 인생이다. 고난에도 종류가 많기 때문에 단순히 십자가 고난이나 욥과 같이 의인이 겪는 고난만 생각하면 안 된다. 죄로 인해 받는 고난은 결국 주님도 기뻐하시지 않기 때문에 우리는 사는 동안 반드시 깊은 회개를 해야 한다.

나의 인생과 주변 사람들의 인생을 살펴보면서 느낀 점은 하나님의 보호를 받는 자는 반드시 선조든지 그 자신이든지 그럴 만한 이유가 있다는 것이다. 반대로 하나님의 보호를 받지 못한 자 또한 반드시 그 이유가 있다. 하나님의 보호는 축복을 받을 준비가 된 자가 누린다. 하나님의 보호를 받는 우리 자신과 가정, 가문, 더 나아가 나라가 되기 위해서 우리 모두 준비해야 한다. 죄 가운데 거하면서 하나님의 보호하심을 바랄 수 없다. 우리는 회개와 순종으로 영적 준비를 해야 한다. 언제 준비가 완료되는지는 하나님께 맡기고 우리는 우리의 최선을 다하면 된다. 비행기는 이륙할 때 힘이 들고 불안하게 흔들리지만 안정권에 들어가면 흔들림 없이 고요하면서도 빠르다.

나를 지키시고 평안하게 하시는 분은 오직 우리 주님뿐이다. 주님만이 살 길이다.

"내가 평안히 눕고 자기도 하리니 나를 안전히 살게 하시는 이는 오직 여호와이시니이다"(시 4:8).

제2부

축사와 회개

앞서 Ⅰ부에서 살펴본 것과 같이 악한 영들은 실제로 존재한다. 축사란 귀신과 악한 영을 쫓아내는 것으로 무속 신앙, 불교, 가톨릭, 기독교 등 대부분 종교에서 이 분야를 다룬다. 현대 사회에 와서는 축사를 미신적이고 원시적인 행위로 인식하는 사람이 많다. 특히 우리나라에서는 축사를 무속 신앙적인 요소로 인식하는 경우가 많다.

사실 축사는 기독교에서 중요한 부분을 차지한다. 이미 복음에는 마귀를 없애려는 목적이 담겨 있으며(히 2:14), 이 약속은 죄를 지은 아담과 하와에게서 시작되었다고 볼 수 있다(창 3:15). 또한 성경에 나오는 많은 인물과 예수님의 사역을 보면 축사 사역이 차지하는 범위가 크다(행 10:38, 마 10:1). 게다가 예수 그리스도의 십자가 사역이라는 목적 자체가 이 땅에서 죄와 마귀를 멸하기 위한 것이다(요일 3:8).

기독교 역사에서도 축사 사역에 대한 내용을 쉽게 찾아볼 수 있다. 교부 터툴리안은 귀신을 어떻게 쫓아내는지 그 방법을 알지 못하는 그리스도인은 죽어 마땅하다고 하며 지나치다 싶을 정도로 강하게 주장했다. 중요한 것은 그때에도 축사에 대한 구체적인 방법이 있었다는 것이다.

칼뱅 또한 『기독교 강요』 제1권 "Ⅲ. 하나님과 계획과 마귀"에서 다음과 같이 말했다. "성경이 마귀에 대하여 가르쳐주는 이유는 우리 모두가 그 간교한 계교와 모략을 경계하여 가장 강력한 원수를 충분히 격퇴할 수 있도록 견고하게 무장해주는 데 있다." 이처럼 칼뱅도 마귀의 존재를 언급하며 영적 전쟁에 대해 말하고 있다. 우리가 마귀를 격퇴할 수 있도록 충분히 무장해야 하는 것을 성경이 가르쳐주고 있다고 했는데, 이 말은 우리가 준비가 충분하지 않아 견고하게 무장하지 못할 수도 있음을 암시한다.

특별히 축사 과정에서 사역자와 내담자가 반드시 갖추어야 할 영적 준비 단계이자 무기가 회개라는 점을 기억해야 한다. 회개는 단순히 외식적인 행위가 아닌 예수 그리스도의 십자가 공로를 의지하는 최선의 믿음의 표현이다. 믿음이 있는 자가 회개할 수 있는 것이다.

축사 과정에서 회개가 중요한 이유는 악한 영들이 우리가 짓는 죄를 통해 공격할 수 있는 권리를 합법적으로 얻기 때문이다. 공의의 하나님은 그분의 성품으로 인해 합법적으로 얻은 이 권리를 무시할 수 없으시다. 악한 영들은 죄라는 불법 안에서만 역사하기 때문에 죄에 대해 회개하여 용서를 받는다면 악한 영들이 가진 법적 효력을 빼앗을 수 있다. 회개를 통해 상황이 역전되면 합법적으로 하나님의 능력을 통해 악한 영들을 쫓아낼 수 있으며 그분의 은혜를 통해 회복될 수 있는 것이다.

이번 제2부에서 나는 우리 센터에서 행했던 축사 사역 중 실패와 성공의 사례를 각각 기록하였다. 이를 통해 악한 영들의 역사와 실체를 여실히 드러내고 경험으로 체득한, 보다 효과적인 축사 방법을 소개하고 싶었다. 이 글을 읽는 모든 이에게 주님의 은혜가 부어지길 소망한다.

 장   치열한 전쟁

1. 주님의 도구, 마귀의 도구

사역 초기에 일어난 일이다. 나는 아는 권사님을 통해 미국에 사는 한 자매를 소개받았다. A 자매는 매우 심각한 상태였는데, 소개받은 내용이 다음과 같았다. 자매는 미국의 한인 교회에 출석하고 있었지만 악한 영에게 강하게 사로잡혀 있었다. 마약에 중독되었고, 우울증이 심해 고층 건물에서 뛰어내려 자살을 시도하기까지 했다. 게다가 간질까지 있어 예배를 드리다가도 거품을 물고 쓰러진다고 했다. 자매는 귀신이 들린 상태가 분명했고, 회칠한 무덤 같았으며, 상태가 매우 절박했다. 딸의 이런 모습을 지켜봐야 하는 부모의 속은 시커멓게 타버렸다.

"배에서 나오시매 곧 더러운 귀신 들린 사람이 무덤 사이에서 나와 예수를 만나니라…밤낮 무덤 사이에서나 산에서나 늘 소리 지르며 돌로 자기의 몸을 해치고 있었더라"(막 5:2, 5).

나는 먼저 미국에 있는 자매의 부모와 연락을 취해 사역에 관해 설명했다. 그러자 자매의 부모는 지푸라기라도 붙잡는 심정으로 적극적으로 사역에 임하겠다고 했다. 자매를 영적으로 진단해보니 보통 문제가 아니었다. 자매의 몸 전체를 감고 있는 영은 용처럼 큰 영이었는데 두 마리나 있었다. 살인의 영과 어둠의 영도 매우 컸다. 이 외에도 일반적이지 않은 악질적인 영이 많았다. 이런 악질적인 영들이 있다는 것은 이와 관련한 매우 악질적인 죄가 있다는 뜻이다. 그래서 알아본 결과 일본 강점기 때 조부모님이 행한 큰 죄가 있었다. 당시 조부모님은 친일파가 되어 우리나라 사람들을 일본으로 팔아넘긴 악한 죄를 범한 것이다. 회개가 되지 않은 조부모님의 이 악질적인 죄 때문에 손녀에게 이토록 악한 영들이 내려와 있던 것이다.

상황이 매우 위급하다 보니 우리는 자매와 가족 모두 바로 한국에 들어와 사역을 받기 권했지만 여건이 되지 않았다. 부모는 미국에서 하는 사업이 있었고, 자매 또한 학기 중이라 나오기가 어려웠다. 그래서 자매는 학기를 마치고 나서 한국에 오기로 하고 일단 원격으로 사역을 진행하기로 했다. 이메일로 회개를 도울 수 있는 회개기도문을 보내고 나서 일주일에 두 번씩 통화로 사역을 진행했다.

사역 장소에 와서 사역을 받는 것이 효과가 가장 좋지만 원격으로도 가능하다. 그것은 예수 그리스도 이름의 능력은 거리와 상관없이 능력을 발휘하기 때문이다. 다만 장소에 따라 성령이 더 역사하시는 장소가 있기 때문에 가능하면 사역 장소에 직접 오는 것이 좋다. 아무래도 영적으로 깨끗하고 성령이 강하게 역사하시는 장소에서 사역을 받으면 은혜가 더 많다.

주님은 부모도 같이 회개하기를 원하셨다. 그래서 그 자매의 가족은 하나가 되어 회개하기 시작했다. 온 가족이 함께 회개하는 것 자체가 너무나 놀라운 기적이었다. 회개한 후 통화로 온 가족이 다 함께 사역을 받았고, 나는 최선을 다해 하나님의 은혜를 구하면서 악한 영들을 불러냈다. 자매와 가족 모두는 3-4시간씩 최선을 다하여 날마다 회개했다. 그렇게 몇 차례 사역을 받을 때마다 자매의 상태가 호전되는 것을 체험한 가족은 더욱 소망을 가지고 열심히 회개했다. 그 뒤로 자매의 상태는 점점 더 안정되었고, 방탕한 생활을 다 접고 예배에 빠짐없이 참여하며 날마다 회개했다. 몇 번의 사역이었지만 하나님이 은혜를 많이 베풀어주고 계셨다.

그러나 악한 영도 가만히 있지 않고 반격할 기회를 노렸다. 온 가족이 회개에 동참하니 큰 공격은 어려웠는지 이번에는 친척을 통해 악한 영들이 공격하기 시작했다. 자매의 이모인 G권사님이 자매의 부모와 대화하는 가운데 이 회개 사역 이야기를 듣게 되었다. 그런데 그때부터 악한 영이 틈타기 시작했다. 이 권사님은 자신의 상식으로는 도저히 이 회개 사역이 이해되지 않는다고 하면서 심하게 반대했다. 권사님은 지금까지 이루어진 모든 사역을 부인하고 앞으로 계획된 사역에까지 훼방을 놓았다. 권사님의 힘이 얼마나 강했는지 자매의 가족은 결국 사역자의 말보다 가족인 권사님의 말을 듣기로 결정했다. 사역은 그렇게 중단되었다. 안타깝게도 주님의 역사하심 또한 중단되었다. 악한 영들이 그 집안에서 회오리를 치며 방해했던 것이다.

이처럼 악한 영의 도구가 되는 것은 직분과 관계없다. 즉, 사람이 철저하게 회개하지 않고 깨어 있지 않으면 직분과 관계없이 우리 자신도 모르는 사이에 악한 영의 도구가 될 수 있다.

"예루살렘에서 내려온 서기관들은 그가 바알세불이 지폈다 하며 또 귀신의 왕을 힘입어 귀신을 쫓아낸다 하니 예수께서 그들을 불러다가 비유로 말씀하시되 사탄이 어찌 사탄을 쫓아낼 수 있느냐"(막 3:22-23).

그 후 이 가족에 대한 소식을 들을 수 없었다. 이 가정에 주님의 은혜가 다시 있기를 바랄 뿐이다. 여기서 우리가 알아야 할 것은 복음의 진리를 제외하고 방법론적인 부분을 다룰 때 자신이 아는 지식만 옳다고 주장하면서 다른 것은 무작정 배척하고 비판하는 것이 매우 위험한 태도라는 것이다. 성경의 진리를 벗어나지 않는 선에서 사역자는 얼마든지 다양한 방법을 사용할 수 있다. 다른 것은 무조건 배척하고 비판하는 태도는 우리를 고립시키며 발전할 수 없게 만든다. 우리는 사람이기 때문에 모든 것을 알 수 없으며, 섣부른 판단은 주님의 뜻과 역사를 막을 수도 있다.

"제자들이 성경 말씀에 주의 전을 사모하는 열심히 나를 삼키리라 한 것을 기억하더라"(요 2:17).

때로는 하나님을 위한다고 하는 열심이 오히려 하나님의 영광을 가리고 심지어 하나님을 대적하는 일이 될 수 있다. 서기관과 바리새인들의 모습이 그러했다. 불같은 열정과 열심을 가지는 것은 매우 바람직하지만 하나님이 원하시는 열정과 열심인지 항상 겸손하게 자신을 점검해야 한다. 진리는 고수하되 성령의 다양한 역사에 대해 열린 마음을 가지는 것이 중요하다.

하나님의 도구로 쓰임을 받으려면 올바른 영적 분별력을 갖추어야 한다. 올바른 영적 분별력을 갖기 위해서는 영분별의 은사를 받아야 할 뿐만 아니라 올바른 신학적 바탕이 있어야 하고, 말씀에 대한 깊은 이해와 철저한 회개 그리고 영적 거룩함이 모두 필요하다. 우리는 영적인 것을 분별할 때 주님과 친밀한 관계 속에서 주님의 음성을 듣고 겸손한 자세로 분별해야 한다. 내가 알고 경험한 것만이 최고라는 생각은 옳지 않다.

이 자매와 가정을 생각하면 지금도 안타까운 마음이 들지만 한편으로는 사역 초기 나의 부족함 때문은 아니었는지 돌아보게 된다. 지금까지 부족한 종을 써주시는 주님께 감사할 따름이다. 나는 사역자로서 이후에도 하나님이 이 가정에 은혜를 베푸시기를 소망한다.

2. 귀신 들린 청년

G 목사님은 경북에 있는 한 시골에서 선교사처럼 목회를 하고 있다. 마을 규모가 작기 때문에 목사님은 동리에 일어나는 일에도 관여하면서 복음을 전한다. 그래서 동네에서 일어나는 크고 작은 일들에 대해 잘 알고 돕기도 하는데, 그 동네에는 한 가지 어려움이 있었다. 바로 한 남자 청년 때문이었다. 이 청년은 환청을 듣기도 하고 그 환청을 따라서 몇 차례 자살을 시도하기도 했다. 높은 언덕에서 뛰어내린 적도 있고, 집을 나와 동굴에 숨는 바람에 온 동네 사람이 찾아다니기도 했다. 사람들은 그 청년이 그저 심각한 정신병을 앓고 있다고 생각했지만, 실상은 귀신에 강하게 잡힌 상태였다.

청년의 가족은 그를 치료하기 위해 정신 병원에 입원시키기도 하고 여러 가지 방법을 다 동원해보았지만 어떤 방법으로도 나아질 기미가 보이지 않았다. 게다가 이 청년은 집안의 장손이었기에 그 부모님의 마음은 말이 아니었다.

청년과 그의 가족이 예수님을 믿지 않았기에 목사님은 전도하기 위해 교회에서 청년에게 숙식을 제공하며 치유를 위해 함께 지내기로 했다. 목사님은 청년이 귀신이 들렸기 때문에 이런 일이 일어나는 것을 알았다. 목사님은 열심을 다해 성도들과 같이 청년에게 안수하고 기도도 하며 밤에는 함께 잠을 자면서 할 수 있는 최선을 다했다. 그런데 상황은 생각처럼 쉽게 해결되지 않았다. 청년이 낫기도 전에 목사님이 탈진하기 시작한 것이다. 영육이 모두 심히 지친 목사님을 보고 교회의 모든 성도가 목사님이 너무 힘들어 보이니 다른 곳을 알아보자고 제의할 정도였다. 목사님은 고민 끝에 오랜 지인이었던 나에게 연락하여 청년과 그의 부모님이 센터에 찾아오게 된 것이다.

일반적으로 축사라고 하면 막연하게 성경에 기록되어 있는 장면들을 회상하며 예수의 이름으로 나가라고 명령만 하면 금방 해결이 될 것처럼 생각한다. 그러나 실제로 귀신 들린 사람을 처음 접하면 예수 이름으로 명령하여 귀신의 역사를 잠재우거나 쫓아내는 경우도 있지만 많은 경우 실패한다. 심지어 예수님의 제자들조차 축사에 실패한 경험이 있었다.

"귀신이 어디서든지 그를 잡으면 거꾸러져 거품을 흘리며 이를 갈며 그리고 파리해지는지라 내가 선생님의 제자들에게 내쫓아 달라 하였으나 그들이 능히 하지 못하더이다 대답하여 이르시되 믿음이 없는 세대여 내가 얼마나 너희와 함께 있으며 얼마나 너희에게 참으리요 그를 내게로 데려오라 하시매"(막 9:18-19).

"이르시되 기도 외에 다른 것으로는 이런 종류가 나갈 수 없느니라 하시니라"(29절).

예수님의 제자들이 축사 사역에 실패했을 때 예수님이 하신 말씀들을 자세히 살펴볼 필요가 있다. 그 말씀은 우리에게 영적인 사역을 하려면 반드시 영적인 준비가 필요하다는 것을 가르쳐주신다. 여기서 우리가 깊이 생각해보아야 하는 것은 사역에 실패한 제자들은 예수님을 모르는 것도 아니었고 예수님과 직접 대화까지 나누었던 '특수 전형' 제자들이라는 것이다.

그런데도 그들은 축사에 실패했고, 실패한 이유도 몰랐다. 사역에 실패하고 축 쳐져서 돌아온 제자들은 예수님이 혼자 계실 때 조용히 질문을 던졌다. 이에 대해 주님은 그들의 믿음과 기도가 적었기 때문이었다고 가르쳐주셨다(마 17:20). 너무나 간단한 이유였다. 그러므로 큰 믿음과 기도가 있다면 축사가 가능하다는 것이기도 하다. 그렇다면 예수님이 행하신 축사 사역의 모습을 살펴보자.

"그러나 내가 하나님의 성령을 힘입어 귀신을 쫓아내는 것이면 하나님의 나라가 이미 너희에게 임하였느니라"(마 12:28).

"그러나 내가 만일 하나님의 손을 힘입어 귀신을 쫓아낸다면 하나님의 나라가 이미 너희에게 임하였느니라"(눅 11:20).

이 말씀들은 예수님이 하나님에게서 나오는 성령님의 능력을 힘입어 축사 사역을 행하셨음을 보여준다. 축사 사역에서 성부와 성자, 성령 하나님의 사역은 뚜렷이 구분되면서도 하나가 된다. 예수님은 죄가 없으신 완전한 사람의 모습으로 기도를 통해 하나님과 교제하시면서 그 뜻을 알고 믿음으로 순종하셨다. 그리고 하나님은 그 기도 가운데 성령과 능력을 기름 붓듯 하셨다(행 10:38). 그러므로 주님이 말씀하신 능력의 기도는 하나님의 뜻을 알고, 믿음으로 자신을 전부 내려놓으며, 하나님이 부으시는 성령과 능력을 힘입는 것이다.

나중에 제자들은 많은 사역을 감당했고, 특히 성령이 임하신 후에는 엄청난 축사 사역과 치유 사역을 행하신 것을 우리는 알고 있다. 그러므로 축사는 우연히 일어나는 것이 아니라 준비된 자를 통해 일어나는 것이다. 영적 준비에는 여러 과정이 필요한데 먼저는 거룩함, 즉 깨끗함이다. 먼저 철저한 회개를 통해 정결케 되는 과정이 필요하다. 그래야 하나님의 뜻을 알 수 있고, 그 뜻을 따라 순종할 수 있으며, 성령의 능력을 받을 수 있다. 성령은 거룩한 영이시므로 거룩한 곳에 임하시기 때문이다. 사역자는 준비되기 위해 예수님처럼 깨끗하고 거룩한 삶을 살고, 하나님의 뜻을 알고 순종하며, 성령의 능력을 받기까지 온전한 마음으로 기다리고 기도해야 한다.

다시 앞의 이야기로 돌아가 센터에 들어오는 목사님과 청년 그리고 그의 부모님은 모두 어둠에 눌려 지친 기색이 역력했다. 오랜만에 만난 목사님의 얼굴은 그동안 사역이 얼마나 고달팠는지를 보여주는 듯했다. 함께 온 청년의 영적 상태를 살펴보니 뒷머리와 목에 5센티미터 정도 굵기의 큰 용이 감겨 있는 것으로 보였고, 이 영이 청년의 생각을 지배하고 있는 것으로 보였다. 부모님도 상태가 심각했다.

목사님의 말씀을 들어보니 이 청년의 부모님은 아들 때문에 교회에 나오기는 했지만 아직 복음도 제대로 듣지 못한 상태라고 했다. 나는 먼저 청년과 부모님에게 복음을 전했다. 그리고 목사님과 함께 신앙고백을 할 수 있도록 돕고 기도를 해주었다.

바로 이어서 우리 팀이 영적 진단에 들어갔는데, 그 결과 무당을 섬긴 우상숭배의 문제가 가장 심각했고 그와 관련한 매우 악질적인 영이 많았다. 영들은 청년의 얼굴과 입, 목, 허리까지 연결되어 있었다. 주님은 이 집안이 우상숭배를 온전히 끊고 회개하기를 원하셨다. 더는 하나님의 진노가 임하지 않도록 온 가족이 겸손히 회개해야 했다.

그러나 청년과 그의 부모님은 죄는 죄고, 어서 빨리 아들을 고쳐달라고 억지를 부렸다. 마치 병원에 간 환자가 진단을 하는 의사에게 진단은 진단이고 당장 병이나 고쳐달라고 억지를 부리는 것과 비슷했다. 물론 이 가정이 교회에 나온 지 며칠 되지 않은 상황이었기 때문에 어느 정도 이해가 되었지만, 주님이 원하시는 것이 있었기에 나는 억지로 사역할 수 없었다. 게다가 청년에게 있는 용 급의 영은 전혀 움직일 생각이 없었고, 당사자도 이 악한 영을 강하게 밀어내지 않았다. 축사 사역이 이루어지려면 이 상황에서 빨리 벗어나고자 하는 내담자의 의지가 필요하다.

우리는 회개를 돕는 회개기도문을 그들에게 주었다. 주님은 부모님이라도 먼저 하나님 앞에 회개하기를 원하셨지만 청년과 그의 부모님은 상의해보고 다시 오겠다고 하고는 센터를 떠났다. 무엇보다 지칠 대로 지쳐 있는 목사님에게 꼭 다시 와 회개에 동참하고 사역을 받으라고 권면했다. 그런데 안타깝게도 그것이 그들의 마지막 모습이었다. 그 후 그들에 대한 소식을 들을 수 없었다. 나중에라도 주님의 은혜가 그들에게 임하기를 소망한다.

하나님의 역사는 사람의 믿음을 통해 이루어진다. 믿음은 단순히 기적이 일어날 것을 믿는 것이 아니라 하나님과 그분의 말씀을 믿는 것이다. 그렇기 때문에 믿음 앞에는 반드시 하나님의 뜻이 담긴 말씀이 있다. 만약 이 청년과 가정이 주님의 말씀을 믿고 그대로 행했다면 기적이 일어났을 것이다. 사역자로서 이와 같은 사례를 경험할 때 매우 안타깝다. 그러나 사역하는 과정에서 인간적인 마음으로 주님의 뜻을 거역할 수 없다. 나는 주님의 종이기에 주인 되신 주님의 뜻을 선택한다. 나의 모든 마음을 내려놓고 주님 뜻만 이루어지기를 바라는 것이다.

사역의 표본은 예수님의 사역이다. 예수님은 하나님의 뜻에 따라 성령의 능력으로 사역하시며 진노를 거두시고 치유하기를 원하시는 하나님의 뜻에 사역의 주도권을 두었다. 진실한 회개만큼 하나님의 마음을 움직이는 기도가 없기 때문에 회개 기도는 너무나 중요하다. 그러므로 사역자와 내담자 모두 힘써 회개하는 것부터 시작해야 한다. 회개 기도의 능력과 중요성은 아무리 강조해도 지나치지 않다. 나는 사역자로서 능력 있는 주의 종이 많이 일어나기를 바라며 고통 속에 있는 많은 사람이 치유받고 자유함을 얻기를 소망한다.

3. 주먹 목사님

30대 시절에 나는 공무원으로 직장 생활을 했다. 이때 나는 하나님을 뜨겁게 만난 직후였기 때문에 직장 안에서 열정적으로 전도를 하고 다녔다. 그 덕분에 다양한 사람들을 많이 만날 수 있었다. D 목사님을 만난 것도 그때였다.

그날도 나는 일부러 사람들이 많이 모여 있는 장소를 찾아서 큰소리로 간증하고 복음을 전했다. 열정을 다해 복음을 전하고 있는데 갑자기 키가 크고 훤칠한 어떤 남자가 팔을 걷어 올리고 주먹을 불끈 쥐면서 "나는 나의 주먹을 믿겠다"라고 큰소리를 치는 것이 아닌가. 그 말에 주변은 웃음바다가 되었는데, 그렇게 D 목사님과 처음 만나게 되었다. 그때에도 그분은 자기주장과 신념이 굉장히 강한 분이었다.

절대로 예수님을 믿지 않을 것 같았던 그분은 나의 끊임없는 전도로 결국 복음을 받아들였고, 우리는 친한 직장 동료가 되었다. 그렇게 목사님은 약 25년 전에 처음 예수님을 믿고 신앙생활을 시작하게 되었다. 그리고 몇 년 전에 목사님이 되었다. 현재 한 부흥 단체에서 부흥사로 섬기고 있다. 이 모든 과정을 지켜본 나는 그저 놀랍고 감사할 뿐이다.

그 후 나는 깊은 회개를 통해 놀라운 영적 세계를 보게 되었는데 어느 날 문득 목사님이 생각났다. 깊은 회개의 은혜에 대해 알려드리고 싶은 마음에 나는 목사님을 우리 센터로 초대해 식사를 대접했다. 오랜만에 만나는 터라 사모님과 함께 오실 줄 알았는데 목사님은 혼자 왔다. 우리는 식사를 하면서 그동안의 소식들을 주고받으며 이야기를 나누었다. 식사가 끝난 뒤 나는 본격적으로 회개에 대해 이야기했다. 회개 사역을 소개하던 내게 목사님은 자기는 지은 죄가 별로 없고, 지은 죄가 있더라도 거의 다 회개했다고 했다. 처음 회개 사역에 대해 이야기하면 대부분 이런 반응을 보이기 때문에 나는 태연하게 계속 설명을 이어갔다.

요한일서 1장 7절과 9절 말씀에 비추어 회개의 필요성에 대해 이야기했더니 목사님은 조금씩 받아들이기 시작했다. 그렇게 마음 문을 조금씩 열더니 회개를 하겠다고 했다.

우리는 이때를 놓칠세라 곧바로 영적 진단에 들어갔다. 진단한 결과 생각보다 비교적 강하고 많은 영이 목사님의 몸에 자리 잡고 있었다. 무엇보다 혈기분노의 영이 많았고 강했는데 손에는 폭행의 영이 있었다. 이 영 같은 경우는 일반적이지 않은데다가 더더욱 목회자들에게는 없는 영이다.

이 영이 들어온 데는 이유가 있었다. 과거 청년 시절에 목사님은 거의 매일 술독에 빠져 방탕한 생활을 했다. 하루가 멀다 하고 폭행을 일삼았고, 사건이 커져 경찰서에 갔다 오기도 했다. 결혼을 한 후 직장에서 나와 처음 만나게 되었는데 그때 목사님은 사모님과 관계가 썩 좋지 않았다. 목사님이 복음을 받아들이고 평신도였을 때 다른 사람들이 있는 자리에서도 눈살이 찌푸려질 정도로 사모님에게 폭행과 욕설을 일삼았다. 그러니 집에 가서는 어느 정도였을지 상상하기도 싫었다.

그렇게 목회자가 된 후 사모님에 대한 태도가 조금 나아지는 듯했으나 여전히 권위적이고 강압적이었다. 사모님은 완전히 눌려 살았고 건강도 매우 좋지 않았다. 물질적으로 어려운 탓에 사모님은 일을 다니면서도 남편의 눈치를 보며 쥐 죽은 듯 지냈다. 영적 진단을 담당하는 간사님은 이런 사실을 전혀 몰랐지만 정확하게 폭력의 영을 진단했다. 목사님은 과격한 혈기분노와 폭력에 대한 죄가 아직 해결되지 않은 상태였다.

이렇게 손에 있는 폭력의 영은 부흥사 사역을 하면서 더욱 드러났다. 목사님이 집회 중 손을 얹거나 내밀면 사람들의 몸이 부르르 떨리며 진동을 한다는 것이었다. 목사님은 흥분하면서 이런 현상은 다른 목사님들에게는 일어나지 않고 오직 자신에게만 일어난다며 자랑했다.

이와 같은 영적 떨림에 대해서는 분별할 필요가 있다. 영적 떨림이 일어나는 데는 크게 두 가지 이유가 있는데 하나는 성령님의 역사하심이 강할 때 또 하나는 악한 영이 강할 때다. 성령님으로 인하여 일어날 경우 그 현상이 아름답고 질서가 있으며 반드시 선한 열매가 있다. 반대로 악한 영으로 인한 경우는 걷잡을 수 없이 혼란스러우며 단순한 현상에서 그친다. 이런 경우 오히려 교회에 덕스럽지 못한 결과를 맺기도 한다. 목사님을 영적으로 진단해보니 이것은 '양신 역사'로서, 성령의 역사는 미미하고 강한 폭력의 영과 무당의 영이 섞여 나타나는 현상이었다. 그러나 그날 이런 부분까지 자세히 설명하기는 어려웠다.

"그 날에 많은 사람이 나더러 이르되 주여 주여 우리가 주의 이름으로 선지자 노릇 하며 주의 이름으로 귀신을 쫓아 내며 주의 이름으로 많은 권능을 행하지 아니하였나이까 하리니 그 때에 내가 그들에게 밝히 말하되 내가 너희를 도무지 알지 못하니 불법을 행하는 자들아 내게서 떠나가라 하리라"(마 7:22-23).

나는 목사님에게 영적으로 진단된 내용을 하나하나 설명하면서 진심으로 회개에 동참했으면 하는 소망을 전달했다. 목사님은 집에 가서 일주일간 문을 걸어 잠그고 열심히 회개하고 다시 오겠다는 약속을 하고 돌아갔다. 우리 팀 모두 회개의 은혜가 목사님에게 충만하게 임하기를 소망했다. 내가 전도한 분이기도 하고 오랜 친분도 있었기에 꼭 다시 올 것이라 기대하며 은혜롭게 마무리했다.

그러나 일주일이 지나 약속된 날짜가 되었는데도 목사님의 모습은 보이지 않았다. 며칠을 더 기다리다가 연락을 취해보았으나 전화조차 받지 않았다. 목사님 자신과 목사님의 가정을 위해서 꼭 회개하기를 소망했는데 아쉬움이 크게 남았다.

목회자는 평생 주의 사역을 위해 충성해야 한다. 소수의 목회자를 제외하고는 넉넉하지 않은 환경 속에서 목회하기 때문에 대부분 그 가족까지도 함께 헌신한다. 그렇게 생명을 바쳐 주의 일을 하다가 천국에 올라가 주님께 인정받고 큰 상급을 받는다면 그보다 더 영광스러운 일이 어디 있겠는가. 그런데 그렇게 사역을 하다가 마지막에 넘어진다면 그보다 더 처참한 경우가 어디 있겠는가.

그러므로 목회자라면 더더욱 자신의 영적 상태를 날마다 점검할 필요가 있다. 주의 종이 되어 남을 세웠지만 자신이 망하면 무슨 유익이 있겠는가? 잠시라도 죄악 된 마음이 들어오면 그 즉시 회개하여 치열한 영적 전쟁에서 자신과 가정, 교회를 지키고 승리하는 장군이 되어야 마땅하다.

가장 존경받는 성경 인물 중 평생 독신으로 목숨을 다해 복음을 증거했던 사도 바울조차 자신을 날마다 십자가에 못 박으며 푯대이신 예수 그리스도를 향하여 달려갔다. 그에게는 그렇게 하지 않으면 자신이 도리어 버림을 당할지도 모른다는 두려움이 있었다. 그러나 이 두려움은 오히려 사역자가 영적 건강을 유지할 수 있게 하는 요소가 된다.

"그러므로 나는 달음질하기를 향방 없는 것 같이 아니하고 싸우기를 허공을 치는 것 같이 아니하며 내가 내 몸을 쳐 복종하게 함은 내가 남에게 전파한 후에 자신이 도리어 버림을 당할까 두려워함이로다"(고전 9:26-27).

"형제들아 내가 그리스도 예수 우리 주 안에서 가진 바 너희에 대한 나의 자랑을 두고 단언하노니 나는 날마다 죽노라"(고전 15:31).

하나님께 큰 은혜를 받는 자라면 직분과 관계없이 자신이 얼마나 큰 죄인인지를 자각할 수밖에 없다. 사람은 연약하기 때문에 누구든지 넘어질 수 있다. 사람은 완벽하지 않기 때문에 열린 마음으로 겸손히 배워야만 한다. 올바른 지식이란 하나님을 경험하여 아는 것이다. 하나님을 체험하여 알고 또 자기 자신을 아는 것은 정말 중요하다. 하나님의 크심과 자신의 낮음을 아는 것은 은혜의 자리에서 벗어나지 않는 길이다. 나는 10년을 회개한 지금도 여전히 우상숭배의 죄와 나의 죄에 대해 깊이 회개한다. 조금이라도 방심하면 악한 영이 우리의 약함을 틈타고 들어와 역사하기 때문이다. 이 악한 영에게 결코 져서는 안 된다.

　우리가 회개할 죄목은 수천, 수만 가지다. 더는 회개할 것이 없다고 생각하는 것은 복음의 은혜가 충만해서가 아니라 도리어 예수 그리스도의 십자가 은혜를 업신여기는 것이다. 교만의 극치에 이르면 자신이 교만하다는 것조차 모른다. 주님이 정말 기뻐하시는 것이 무엇인지를 깨닫고 끝까지 아름답게 쓰임을 받는 주의 사역자들이 넘쳐나기를 소망한다.

4. 무당이 찾아오다

"피조물이 고대하는 바는 하나님의 아들들이 나타나는 것이니"(롬 8:19).

모든 만물은 하나님을 소망한다. 하나님에 대해 무지하거나 심지어 부인하는 자라도 누구나 그 중심에는 하나님을 소망하는 마음이 있다.

나를 놀라게 만든 전화 한 통이 우리 센터로 걸려왔다. 그분은 홈페이지를 보고 전화했는데, 무당인 아내 때문이었다. 일단 약속을 잡은 나는 조금은 긴장되는 마음으로 기도하며 두 사람을 기다렸다. 약속된 날이 되자 그 부부가 센터에 왔다. 현직 무당인 아내의 눈은 먼 곳을 주시하는 듯 보였고, 가끔 불같은 분노가 눈에 날카롭게 서렸다. 그리고 머리부터 발끝까지 말랑말랑한 젤리 같은 것이 몸에 꽉 차 있어 아무 생각도 할 수 없고, 정상적인 생활을 전혀 할 수 없다는 말을 반복해서 했다. 그분은 정신적으로 크게 혼란한 상태여서 정상적으로 대화하기가 힘들었다.

남편에게는 담배 냄새와 술 냄새가 풍겼다. 남편도 영적으로 매우 눌린 상태였다. 남편은 아내가 집에 있다가 젤리 같은 것이 이마 위로 떨어졌다고 하면서부터 지금과 같이 정신이 나간 듯 혼미해졌다고 했다. 아내의 이런 상태 때문에 남편은 때로 죽고 싶은 생각도 든다고 하며 다른 일은 아무것도 할 수 없다고 하소연했다.

이 부부가 교회를 찾게 된 것은 약 2개월 전부터였다. 교회에 간 이유는 무당인 아내에게 제사장 복을 입으신 예수님이 세 번이나 나타나셨기 때문이다. 매우 혼란스러웠을 텐데도 무당을 찾지 않고 교회를 찾았다는 것은 놀랍고 감사한 일이다. 그 후 지금까지 작은 교회에 출석하고 있다고 했다.

이야기를 들어보니 아내는 어린 시절 주일학교에서 예수님을 영접하고 신앙생활을 했다. 그런데 신병을 앓게 되면서 주님을 잃어버리고 내림굿을 받아 정식으로 무당이 된 것이었다. 그 후 꽤 긴 시간 동안 무당 일을 한 것으로 보였다.

이런 상황에서 교회를 나가게 되었는데 사정을 안 담임 목사님이 열심히 안수도 하고 기도도 해주었다고 한다. 처음에는 호전되는 듯 보여 지금까지 계속 그 교회에 나가고 있는데, 이상하게 날이 가면 갈수록 더 심한 현상이 나타나고 있다는 것이었다. 무당인 아내가 반복하는 말 중 또 하나는 자신의 몸은 있는데 얼굴이 안 보이고 뼈만 보여서 어찌할 바를 모르겠다는 것이었다.

나는 아내에게 일어난 현상에 대해 먼저 간단히 설명했다. 젤리 같은 것이 이마 위로 떨어진 것은 바로 무당의 영과 혼란스럽게 하는 영이 계속 머리에 내려오는 것이었다. 사실 더 큰, 용 급 정도 되는 무당의 영이 머리 위에서 아래로 내려다보면서 입맛을 다시고 침을 흘리고 있었다. 영적으로 열린 사람은 악한 영들을 약한 것부터 강한 것까지 그 다양한 형태를 보거나 만져 느낄 수 있다. 끈적거리거나 단단할수록 강한 영이고, 건조하게 힘없이 풀어져 있거나 물렁물렁할수록 약하다. 약한 영은 쉽게 끊어진다.

교회를 다니는데도 사탄의 역사가 심해진 것은 철저히 회개하지 않았기 때문이다. 철저히 회개하지 않는다면 악한 영은 저절로 나가지 않는다. 무당이 되고 무속적인 일을 한 것은 하나님께 중하고 큰 죄다. 특히 본인이 직접 신내림 굿을 받고 무속 생활을 해왔기 때문에 악한 영은 절대로 쉽게 나가지 않는다. 신내림을 받았다는 것은 엄청난 물질과 자신의 인생 전체를 귀신에게 자발적으로 바친 것이며, 귀신과 주종 계약을 맺은 것이기 때문에 이런 영들은 웬만해서는 잘 나가지 않는다. 무당을 자신의 종으로 삼아 마음대로 부릴 수 있었는데 갑자기 교회에 나가고 하나님께 돌아가려 하니 악한 영은 자기가 사로잡은 영혼을 빼앗기지 않으려고 더 강하게 움켜쥐는 것이다. 그러니 교회에 다니면서부터 그 증세가 심해질 수밖에 없었던 것이다.

영적으로 진단한 결과 두 사람 모두 미신 성향이 상당히 높았다. 무당인 아내를 자세히 살펴보니 정수리와 뒷머리에 영들이 솟아 있었고, 가슴에 많은 영이 감겨 있거나 박혀 있었다. 배와 목에도 악한 영들이 자리 잡고 있었고, 몸 전체에 악한 영들이 완전히 꽉 차 있었다. 그리고 남편 또한 아내 못지않게 제사의 영과 무당의 영을 포함해 악한 영이 완전히 자리를 잡고 있었다.

　구약을 보면 하나님은 무당에 대해 잔인할 정도로 단호하게 죽이라고 명령하셨다. 그 이유는 무당에게 있는 악한 영들은 독하고 끈질긴 데다가 후손에게까지 대물림되기 때문이다. 한 명의 무당은 결국 여러 명의 무당을 만들 수 있다. 또 무리 가운데 무당이 있으면 믿음이 연약한 자들에게 치명적인 악영향을 미치게 되고, 그들의 영혼을 위험에 빠뜨릴 수 있다. 무당을 제거하라고 하신 하나님의 마음은 마치 악성 종양을 제거해야 하는 의사의 심정과 같았을 것으로 생각한다. 이는 무당의 영이 이스라엘 백성을 죄에 빠뜨리는 것을 막기 위한 하나님의 사랑인 것이다.

"너는 무당을 살려두지 말라"(출 22:18)

"그의 아들이나 딸을 불 가운데로 지나게 하는 자나 점쟁이나 길흉을 말하는 자나 요술하는 자나 무당이나 진언자나 신접자나 박수나 초혼자를 너희 가운데에 용납하지 말라"(신 18:10-11).

　신약에 와서는 감사하게도 예수 그리스도의 복음의 은혜로 무당이라도 악한 영들과 관계를 완전히 끊고 복음 안으로 들어오면 생명을 얻을 수 있다. 하나님은 모든 사람이 구원받기를 원하시기 때문이다.

"하나님은 모든 사람이 구원을 받으며 진리를 아는 데에 이르기를 원하시느니라"(딤전 2:4).

사역을 시작하기에 앞서 나는 그 부부에게 먼저 복음을 제시했다. 두 사람은 성경을 잘 따라 읽었고 고백도 했다(롬 6:10-11). 그러나 고통의 당사자인 아내는 성경 구절을 읽으며 주님을 구하는 간절한 마음이 있었지만, 남편은 간절한 마음보다는 당면한 어려움을 모면하기 위해 의식적으로 하는 부분이 많았다.

문제가 심각한 데 비해 두 사람의 믿음이 많이 약했기 때문에 나는 처음 온 사람들임에도 불구하고 바로 사역을 시작하기로 했다. 부부에게 각자 따로 사역을 진행했는데, 먼저 회개에 도움을 줄 수 있는 회개기도문을 읽게 했다. 천천히 또박또박 읽게 했다. 여기까지는 잘 따라오는 듯 보였다. 그러나 악한 영들을 불러냈지만 역시 회개가 제대로 되지 않아 영들의 힘이 강했고, 특히 가운데 자리 잡고 있던 신내림 받을 때 들어온 무당의 영은 눈을 감은 채 꿈쩍도 하지 않았다. 진솔하게 회개할 수 있도록 돕기 위해 나는 큰 소리로 회개하며 나를 따라 기도하라고 했다. 아내는 그대로 순종을 했고, 얼마 지나지 않아 눈물의 회개가 터졌다. "내가 죽을죄를 지었어요. 예수님, 용서해주세요." 그 목소리는 마치 황소가 우는 듯 매우 컸고, 왠지 모르게 소름이 돋았다. 그렇게 큰 소리로 울면서 회개하자 온몸에서 마치 타이어가 불에 탈 때 나는 시커먼 연기처럼 영들이 쏟아져 나갔다. 사역이 끝나자 아내는 고백하기를 자신은 원래 울고 싶어도 눈물이 나오지 않고 이렇게 펑펑 울어본 적도 없었다면서 놀라워했다. 아내는 간절히 현재의 영적 고통에서 벗어나고 싶어 했다.

그런데 문제는 오히려 남편이었다. 남편의 머리와 입에 무당의 영과 거짓의 영이 강했고, 제사의 영도 강했다. 악한 영들은 잘 나가지 않았고, 남편은 중간에 회개를 멈추기도 했다. 짧은 사역을 마친 후 아내가 신내림 굿을 받을 때 얼마를 바쳤는지 묻자 순식간에 안색이 변했다. 남편은 끝을 얼버무렸다. 돈 이야기가 나올까 봐 그러는지 남편은 갑자기 약속이 생겼다며 허둥지둥 자리에서 일어나려고 했다.

남편은 돈이 아까웠다. 위중한 환자가 병원에 와서 큰 수술을 하려고 할 때 수술비용이 아까워 수술을 포기하면 그보다 더 안타까운 일이 있을까. 정말 절실한 마음으로 하나님 앞에 나아왔다면 귀한 물질이라도 주님께 드리는 것은 아깝지 않을 것이다. 물질이 있는 곳에 사람의 마음이 있기 때문이다. 그러나 남편은 그만큼 절실하지 않았다.

그래도 열심히 회개한 후 일주일 뒤에 다시 오기로 했지만, 그날 이후 더는 그들의 모습을 볼 수 없었다. 하나님의 은혜가 이 부부에게 임하길 바랄 뿐이다.

간절함이 없어 최선을 다하는 삶을 살지 못하는 경우가 생각보다 많다. 그것은 이 땅에서도 하나님 앞에서도 마찬가지다. 모든 것을 주님께 드릴 준비가 되지 않았다면 아직 하나님 앞에서 큰 은혜를 받을 준비가 되지 않은 것이다. 우리가 잘못 알고 있는 것 중 하나는 하나님은 우리에게 복을 주셔야 하는 존재이므로 무조건 나의 문제나 소원을 해결해주셔야 한다고 생각하는 것이다. 하나님은 사랑의 하나님이시므로 당연히 나의 요구대로 복을 주셔야 한다는 것이다. 그러나 이런 모습은 옳지 않다.

모든 것을 주님께 드릴 준비가 된 사람은 반드시 하나님의 놀라운 은혜를 경험한다. 하나님의 말씀에 순종하는 사람은 반드시 하나님의 놀라운 축복을 받을 것이다. 주님이 요구하시는 나의 중심을 주님께 드릴 때 하나님의 역사가 일어난다.

악한 영에게 모든 것을 바치고 이방 종교의 제사장 역할을 했던 무당이 진심으로 하나님께 돌아오길 원한다면 주님께 목숨까지 드릴 각오로 회개에 임해야만 한다. 귀신 들린 사람과 무당은 별개의 문제다. 무당이 자신에게 있는 귀신을 몰아내고 주님을 온전히 믿기란 상당히 어렵다. 그만큼 무당이나 이방 종교의 제사장이 되었다는 것은 그 자체가 저주다.

그래서 무당이 하나님 앞에 온전히 돌아오는 경우는 생각보다 드물다. 돌아왔다고 하더라도 철저히 회개하지 않으면 금방 다시 악한 영에 사로잡힐 수 있고, 악한 영을 이기지 못하고 다시 원래 모습으로 돌아가는 경우도 많다.

그러나 전직이 무당이라고 해도 모든 것을 내려놓고 철저하게 회개하며 하나님 앞에 나아온다면 하나님은 당연히 구원의 손길을 베풀기 시작하실 것이다. 이 부부도 순종함으로 회개에 동참했다면 하나님이 매우 놀라운 은혜를 베푸셨을 것이다.

값싼 은혜는 없다. 자신을 온전히 주님께 드려 값비싼 은혜를 얻으라. 하나님의 아들이신 예수 그리스도가 십자가에 돌아가심으로 열어 놓으신 구원의 은혜는 모든 인류에게 적용된다.

"그러므로 형제들아 우리가 예수의 피를 힘입어 성소에 들어갈 담력을 얻었나니 그 길은 우리를 위하여 휘장 가운데로 열어 놓으신 새로운 살 길이요 휘장은 곧 그의 육체니라"(히 10:19-20).

 # 축사

1. 잠자고 있던 악한 영

　D 목사님은 영적 체험도 많이 했고 영적인 교회에서 부사역자로 섬기기도 했다. 영적인 곳이라면 전국 방방곡곡을 찾아다니며 적극적으로 은혜를 사모하는 분이었다. 그런데 목사님을 처음 만났을 때는 생각보다 많은 영이 몸 구석구석에 자리를 잡고 있어 놀랐다. 회개 사역에 대해 알고 난 목사님은 모든 것을 내려놓고 회개에 전념했다.

　그러던 어느 날이었다. 사역을 받으러 온 목사님은 긴장된 어조로 말했다. 회개하던 중 갑자기 아랫배 쪽에서 천둥 치는 것 같은 소리가 들리면서 세력이 꿈틀대며 움직이는 것을 느꼈다는 것이다. 우리는 곧바로 사역에 들어갔고 악한 영을 불러내자 아랫배의 악한 영들이 움직이면서 실제로 배가 부풀어 올랐다 가라앉기를 반복했다. 목사님은 이런 현상이 또 나타나자 매우 당황해했다.

사실 나도 놀랐다. 오랜 기간 회개에 전념했고, 사역 또한 정기적으로 받으러 온 분이었기 때문이다. 짐작이 가는 부분이 있기는 했다. 일단 목사님을 안정시키고 나서 아랫배 부분을 자세히 진단했다. 아랫배의 중심에 톱니바퀴 모양을 한 영들이 실처럼 사방으로 연결된 모습이 보였다.

진단한 결과 표출된 영은 우상숭배의 영, 축복을 가로막는 영, 교만의 영이 집중적으로 많았다. 환상을 통해 보니 교만의 영은 자신의 의가 강해서 들어온 것이었다. 목사님은 신앙이 없는 가족 가운데 혼자 기도하며 가족을 이끌어야 했기에 그동안 기도를 많이 했다. 그러나 자신도 모르는 사이에 신앙이 없는 가족을 나무라면서 혼자 기도를 많이 했다는 자기 의가 내면에 강하게 자리를 잡았던 것이다.

나 또한 이런 영들을 보면서 자신을 돌아볼 수밖에 없었다. 내 모습에도 이런 자기 의가 있음을 발견했기 때문이다. 주님의 공로를 자신의 공로로 돌리는 교만이 교묘하게 숨어 있었다. 홀로 있을 때 이런 교만과 자기의를 회개하자 이마에서 실 같은 영들이 풀어져 나갔다.

우리는 주님이 은혜를 주셔야 어떤 일이든 할 수 있는 존재다. 그렇기에 모든 것은 주님이 하신 것이다. 주님이 주신 은혜들이 오히려 자기의 의가 되지 않도록 우리는 항상 유의해야 한다. 지금까지 어떠한 업적을 이루었더라도 다 잊고 앞만 보고 달려가야 한다. 나의 의를 내세우면 반드시 넘어진다.

"그런즉 선 줄로 생각하는 자는 넘어질까 조심하라"(고전 10:12).

이렇게 목사님처럼 몇 년 동안 회개를 했어도 영이 뒤늦게 표출되는 경우도 있다. 깊은 회개로 인해 깊은 곳에 자리 잡고 있던 영이 풀어져 움직이기 때문이다. 이 영들은 표면에 있던 영들 뒤에 숨어 없는 것처럼 있다가 정체가 드러나면 움직이기 시작한다.

내가 오랜 세월 회개하면서 깨달은 것은 영은 마치 양파와 같다는 것이다. 처음 회개할 때는 가장 바깥쪽에 있는 영부터 한 꺼풀씩 벗겨지다가 회개가 깊어지면 그제야 안에 있는 것들이 정체를 드러내며 풀어지기 시작한다. 모든 영이 단 한 번에 뿌리까지 뽑혀 나간다면야 좋겠지만 나를 비롯해 많은 사람을 보았을 때 죄의 뿌리가 생각보다 깊었고, 한 꺼풀 한 꺼풀 순차적으로 벗겨져 나갔다. 죄의 역사가 길수록 악한 영의 뿌리도 깊다.

목사님도 이 경우였다. 갑자기 어떤 악한 영이 들어온 것이 아니라 깊은 회개와 사역 속에서 아랫배 깊숙한 곳에 숨어 있던 영의 정체가 나무뿌리가 드러나듯 나온 것이었다. 사실 이와 같은 현상은 매우 감사한 일이다. 오랜 시간 회개해온 사람의 몸속에 이렇게 깊이 자리 잡고 있는 영이 있다는 것은 충격이지만 악한 영의 정체가 드러난 이상 쫓겨날 일만 남았기 때문이다. 악한 영이 쫓겨나가면 주님의 은혜가 더욱더 깊어질 것을 기대할 수 있기 때문이다.

우리는 악한 영들을 불러냈고 목사님의 배는 계속해서 요동쳤다. 마치 6-7개월 정도 된 임신부의 배처럼 심하게 부풀어 올랐다. 우리가 더욱 강하게 악한 영을 불러내자 이제는 가슴 부분까지 움직이면서 배는 더 심하게 올라왔다. 그리고 악한 영들이 빠져나오기 시작하는데 진한 검은색 실 같은 형태의 영이 힘 있게 움직이며 올라왔다. 굵기에 비해 힘이 좋았기 때문에 이 영들이 올라오는 과정에서 배도 함께 움직인 것이다.

사역을 마무리했지만, 목사님은 아직도 놀란 모습이 역력했다. 나는 축복 기도와 함께 목사님께 더 힘차게 열심히 회개하고 오라고 당부했다. 예상치 못한 현상에 당황스러울 수는 있지만 발전할 수 있는 신호이기도 하므로 오히려 좋은 현상이라고 나는 생각한다.

일주일 뒤 목사님은 상기된 얼굴로 센터에 왔다. 지난번 사역이 끝나고 돌아가 회개하는 동안 배가 계속 아프고 요란하게 요동을 쳤다는 것이다. 나는 이미 악한 영의 정체가 드러났고 목사님 또한 회개함으로 주님 앞에 엎드리고 있으니 걱정하지 말라고 말씀드렸다. 본격적인 사역으로 들어가 악한 영들을 불러내자 다시 아랫배에 있는 영들이 요동을 치면서 아랫배가 움직였지만, 전과 비교하면 확실히 많이 풀린 것이 보였다. 계속해서 악한 영들을 불러내니 뱀 한 마리가 쫓겨나가는 것이 보였고, 작은 영들도 튀어 나갔다. 죄가 회개되고 정체가 밝혀지니 악한 영들이 더는 권세를 가질 수 없었다.

그렇게 30분 정도 사역을 하니 요동치던 배가 점점 잠잠해졌다. 오랫

동안 자기 집인 양 자리 잡았던 악한 영들이 힘없이 쫓겨난 것이다. 그 후에도 몇 번 더 회개와 함께 사역을 진행했다.

그러던 중 목사님의 가정에 하나님의 놀라운 역사가 일어나기 시작했다. 몸에 있던 영이 해결되자 환경도 풀리기 시작했다. 손써볼 틈도 없이 경매로 넘어가야 했던 집이 막상 경매로 넘어가는 날이 되자 극적으로 해결되었다. 그와 더불어 가정과 사업 또한 안정을 찾았다. 이 문제를 두고 함께 기도했던 우리는 이 기쁨의 소식에 주님이 베푸신 은혜와 축복에 감탄하며 가슴 벅찬 기쁨을 나누었다. 꼭 나의 문제가 해결된 듯 진심으로 기뻤다.

모든 가족이 포기했던 문제가 하나님의 은혜라고 고백할 수밖에 없는 방법으로 해결되었다. 그러자 하나님과 목사님을 보는 가족 모두의 눈이 달라지기 시작했다. 사람이 어찌해볼 도리가 없는 척박한 환경일지라도 진정으로 하나님만 붙들고 회개하면 그 가정에는 소망이 있다. 악한 영과의 전쟁에서 승리하면 그만큼 영적인 축복도 받지만, 이 땅의 가정과 사업과 관련한 문제도 풀린다. 영혼이 잘되어야 범사가 잘된다(요3 1:2). 또 어떤 축복이 목사님과 그 가정에 부어질지 기대가 된다. 오늘도 저 높은 곳을 향하여 달려가는 목사님에게 나는 박수를 보내고 싶다.

나는 이번 사역을 통해 다시금 악한 영들의 정체가 드러나고 쫓겨나는 것은 전적으로 주님의 은혜라는 것을 실감했다. 그렇기 때문에 우리가 쌓는 기도의 분량과 기간에 상관없이 영적으로 자만하거나 안심할 수 없다. 특히 자신이 다 회개했다고 생각하는 것은 정말 위험하다. 우리는 주님이 원하시는 만큼 회개해야 하며, 회개의 분량은 내가 정하는 것이 아님을 알아야 한다. 주님 마음에 흡족하실 때까지 회개에 힘쓰며 늘 회개하는 자세로 사는 것이 좋다. 결코 쉬운 일이 아니지만, 이것이 바로 주님의 멍에이고, 주님의 멍에는 우리에게 유익할 뿐 아니라 우리를 생명의 길로 안전하게 인도할 것이다.

"나는 마음이 온유하고 겸손하니 나의 멍에를 메고 내게 배우라 그리하면 너희 마음이 쉼을 얻으리니"(마 11:29).

2. 사역자도 공격받을 수 있다

　D 목사님은 30여 년에 이르는 목회경력과 함께 오랜 기간 동안 부흥강사로 섬기며 영적 사역을 많이 한 분이다. 게다가 모 교단의 총회장으로 섬기며 바쁜 나날을 보내고 있었다. 목사님은 7대 종손으로 예수님을 알기 전에는 우상숭배 가운데 있었지만, 주님을 만난 이후 180도 변화하여 주님의 뜻 가운데 수많은 금식과 기도로 깊은 회개를 하면서 말씀으로 무장한 능력 있는 목회자였다. 나는 존경하는 목사님과 오랜 기간 친분을 유지하며 나의 선배이자 동역자로 많은 도움을 주고받으며 지내고 있다.

　그러던 어느 날 목사님에게서 다급한 전화가 걸려왔다. 상황을 들어보니 시무하는 교회의 권사님이 이사해 목사님과 사모님이 심방을 다녀왔는데 그 뒤로 이상하게 심한 복통이 시작되었다는 것이다. 목사님은 죽을 듯이 고통스럽다고 했다. 통증이 너무 심해 약도 먹었지만 가라앉지 않아 사역을 요청한 것이었다. 나는 언제든 오시라고 하면서 사역 약속을 잡았다. 약속한 날 영적 공격이 치열했는지 목사님 내외분의 얼굴이 많이 상한 채 센터로 들어왔다.

　이 세상에 영적 공격에서 자유로운 사람은 아무도 없다. 사역자 또한 온전한 의인이 아니므로 몸 안에 남아 있는 죄의 찌꺼기들로 인해 작은 문들이 열려 있는 것이다. 그렇기 때문에 영적으로 공격받았다고 해서 크게 좌절할 필요가 없다. 이런 영적 공격은 나뿐만 아니라 많은 사역자가 수도 없이 경험했다. 사실 영적 사역을 하는 사역자는 공격을 받는 것이 일상적이다. 사역 중에 영들이 감기거나 박히면 극심한 통증이 있거나 어지럽기도 하고, 몸이 무거움을 느끼게 된다. 공격을 받는 강도는 차이가 있지만 그럴 때마다 스스로 공격받은 영들을 직접 손으로 제거하기도 하고 끊임없는 회개를 통해 그 공격을 이겨내야 한다.

감사한 것은 그럴 때마다 나는 주님 없이는 살 수 없는 존재임을 자각하게 되며 나도 모르게 겸손해진다. 온전히 해결되지 못한 나의 죄성 때문에 악한 영에게 틈을 주고 그 죄성이 자석처럼 악한 영들을 끌어당기기 때문에 공격을 받는 것이다. 그러므로 자신의 연약함을 깨닫고 항상 깨어 있는 것은 사역자에게 매우 중요한 일이다.

목사님의 이야기를 들어보니 E 권사님은 자기 주관이 강한 분이기는 하지만 나름대로 신앙생활을 잘하는 분이라고 했다. 사건의 발단은 E 권사님의 요청으로 목사님 내외가 이사 심방 예배를 드리고 나서 축복기도를 마친 뒤였다. 그런데 목사님 눈에 지름이 20센티미터 정도의 용 급 정도 되는 악한 영이 안방 천장에 붙어 있는 것이 보인 것이다. 이렇게 큰 용이 있다는 것은 전에 이 집에 살던 사람이 우상숭배의 죄를 지었거나 심각한 죄를 많이 지었다는 증거다.

이처럼 악한 영들은 사람뿐만 아니라 건물에 머물기도 한다. 모든 집에 이렇게 큰 영이 있다고 보기는 어렵지만, 건물에는 크고 작은 영이 많다. 건물을 사용하는 사람들이 주님을 사랑하고 많이 회개하고 기도했다면 그곳에는 은혜가 채워져 있겠지만, 반대로 건물에서 죄를 많이 짓고 회개하지 않으면 악한 영들로 가득 채워지게 된다.

알고 보니 역시나 그 집은 전에 살던 집주인이 부도를 맞아 경매로 나온 집이었다. 집이 경매로 나왔다는 것은 전 주인이 매우 큰 어려움을 겪었다고 볼 수 있기 때문에 영적 환경이 매우 좋지 않았다는 뜻이다. 그러므로 경매로 나온 건물이나 집이 아무리 저렴할지라도 영적인 것을 생각한다면 고려해야 한다. 그래도 어쩔 수 없는 상황이라면 일정 기간 강력한 회개와 기도로 건물 안에 있는 악한 영들을 몰아내야 한다. 그렇지 않으면 억울하게 건물 안에 있는 영들의 공격을 받기 때문이다. 그러므로 이사할 때 그 장소에 죄가 많이 있거나 전에 살던 사람이 특별히 죄를 많이 지었거나, 우상을 많이 섬겼다면 되도록 피하는 것이 좋다. 어디든 주님의 음성에 따라 움직이는 것이 안전하다.

목사님은 큰 용이 보이자마자 사모님과 함께 힘을 다하여 악한 영을 대적하며 사역을 했다. 사역한 후 용이 보이지 않자 목사님 내외분은 감사한 마음으로 사택으로 돌아왔다. 그러나 문제는 이렇게 영적 싸움을 한 뒤 목사님 내외에게 극심한 복부 통증과 죽을 것 같은 고통이 찾아온 것이다.

여기서 조심해야 할 점은 영안으로 보이는 악한 영을 무조건 다 공격하는 것은 좋지 않다. 우리는 자칫 악한 영을 얕잡아볼 수도 있는데 악한 영은 그렇게 만만한 상대가 아니다. 이 영들이 우리에게 오는 이유는 우리를 죽이고 망하게 하려는 것이다. 악한 영들은 죄를 통해 합법적으로 한번 자리를 잡으면 끈질기게 버티는데 그 영들과 관계된 죄의 문제가 하나님 앞에 해결되지 않으면 악한 영들은 잘 나가지 않을 뿐만 아니라 사역자에게도 강하게 반격한다. 자신들의 집을 빼앗길 수 없다는 것이다.

죄는 악한 영이 들어올 수 있는 영적 통로이자 양식이며, 합법적인 집이다. 그러므로 눈에 악한 영이 보인다고 해서 무조건 공격하는 것은 지혜롭지 못한 방법이다. 특히 큰 영일수록 대적하기보다 먼저 회개해야 한다. 사역의 주도권은 주님께 있기 때문에 먼저 주님의 뜻을 듣는 것이 중요하고 당사자와 협력하는 사역이 필요하다.

이러한 상황에서 목사님과 사모님은 나름대로 힘을 다해 악한 영을 대적하며 기도했지만 갈수록 몸이 아프고 힘들어 3일이 지나자 급히 우리 센터를 찾아온 것이다. 사역 도중에 악한 영의 공격을 강하게 받았다면 먼저 스스로 사역도 하고 회개함으로 곤경에서 벗어나야 한다. 그래도 끈질기게 달라붙는 경우가 있는데 이때 영권이 있는 사역자의 도움을 받는 것이 좋다. 그래서 영적 공동체는 너무나 소중한 것이다.

우리는 두 분의 요청으로 먼저 극심한 복부 통증을 호소하는 사모님부터 사역을 했다. 영을 살펴보니 상태가 심각했다. 용의 발톱으로 보이는 악한 영들이 배에 세 개나 박혀 있는 것이 아닌가. 그것을 보는 나도 같은 아픔이 느껴졌다. 때로 나는 이렇게 내담자의 아픔을 같이 느끼는데 이는 체휼의 은사다. 사모님은 통증이 너무 심한 나머지 바닥을 뒹굴다시피 하며 사역을 받았다.

사모님이 회개하고 악한 영들을 대적하는 가운데 우리는 악한 영들을 불러냈다. 그러자 약 30센티미터쯤 되어 보이는 용의 발톱이 배에서 서서히 떨어져 나가는 것이 보이기 시작했다. 이 영들이 몸에서 완전히 떠나자 사모님은 더는 뒹굴지 않았고 얼굴에는 평온함과 기쁨으로 가득했다. 우리가 평온하게 살아갈 수 있는 이유는 주님의 은혜와 보호하심 아래 있기 때문이다.

사모님을 사역하고 나서 목사님 차례가 되었다. 영들을 살펴보니 머리에 독수리같이 보이는 악한 영이 있었고, 어깨와 팔 전체가 큰 용의 비늘로 완전히 덮여 있었다. 이번에도 목사님은 회개하며 악한 영들을 대적했고, 우리는 예수님의 이름으로 악한 영들을 불러냈다. 그러자 목사님의 어깨와 팔 전체를 덮고 있던 용의 비늘이 서서히 팔에서부터 벗겨지기 시작했다.

팔 전체에 있던 용의 비늘 같은 영들이 벗겨지자 그 안에 침과 같은 형태의 악한 영들이 촘촘히 박혀 있는 것이 보였다. 마치 침술원에서 침을 촘촘히 놓은 것 같았다. 우리는 30분 정도 사역하면서 그것을 대부분 쫓아냈다. 검은 구렁이 같은 더러운 영이 머리에서 풀어져 나갔는데 10분 정도 사역하여 쫓아낼 수 있었다. 사역할 때 공격을 받아 들어온 영들은 자신이 직접 죄를 지어 들어온 영보다 쉽게 쫓겨나간다.

1차 사역이 끝나자 목사님은 악한 영의 공격을 받고 난 후 통증도 통증이지만 마음이 괴로움으로 가득 찼었다는 고백을 했다. 목사님은 자신의 처지가 예수님을 믿지 않는 사람보다도 못한 것처럼 생각되고, 자신에게 주님의 은혜가 하나도 없는 듯 느껴져 너무 괴로웠다고 했다. 그러나 사역을 받고 나니 다시 은혜가 회복되었고 주님이 주시는 감사와 평안으로 마음이 채워졌다고 고백하면서 감사의 인사를 했다. 그리고 사역할 때 더욱 신중해야 한다는 것을 깨달았다며 기뻐했다. 신중함과 담대함은 사역자에게 꼭 필요한 덕목이다.

    이튿날 목사님과 사모님은 온 몸에 공격을 받아 남아 있던 작은 영까지 내쫓기 위해 2차 사역을 받으러 센터에 왔다.

    이번에는 부부가 함께 사역을 받았다. 목사님이 가슴이 답답하다고 해서 자세히 살펴보니 지름이 1센티미터 되는 무당의 영과 교만의 영이 박혀 있었다. 이 영들이 나갈 때 실제로 뱀이 쫓겨나가는 것처럼 보였다. 사모님도 몸에 남아 있던 작은 영들이 쫓겨나가는 것이 보였다.

    한 시간 정도 계속된 사역이 끝나자 목사님의 가슴에 있던 통증이 사라졌고, 목사님 부부에게 주님의 은혜가 부어졌다. 두 분은 다시 새 힘을 얻었고, 목사님은 회개와 목회에 더욱 집중하실 수 있게 되었다. 나는 귀한 사람들을 도울 수 있어서 정말 감사했다.

    이번 사례를 통해 나는 영적 공격도 중요하지만 영적 방어 또한 매우 중요하다는 것을 다시 한 번 깨달았다. 방심하거나 자만하면 자신도 모르는 사이 무너질 수 있다. 특히 회개는 악한 영이 들어오는 통로를 막을 수 있기 때문에 회개는 공격을 방어하는 좋은 방패다. 회개 자체가 영적 무기가 되는 것이다.

치유 사역자 가운데 사역을 잘하다가도 급작스럽게 병이 들거나 사역을 중단하는 경우가 많다. 시작은 좋았으나 사역의 수명이 짧고, 좋지 않게 끝나는 경우가 많다. 여러 가지 이유가 있겠지만 날마다 주님 앞에서 깊이 회개하면서 자신의 상태를 점검해야 하고, 아직 몸에 남아 있거나 공격을 받은 잔재 세력을 끊임없이 제거해야 한다. 이렇게 함으로 치유 사역에서 발생하는 여러 가지 문제를 극복할 수 있다. 치유 사역을 오랫동안 꾸준히 유지할 수 있는 비결 중 하나는 바로 지속적이고 진실한 회개다. 사역자는 주님의 특별한 보호하심과 은혜 속에 충만히 거하기 위해 항상 깨어 회개하고 말씀에 순종함으로 무장해야 한다.

이처럼 사역자로 쓰임 받는 것은 매우 영광스러운 일이지만 끊임없이 이어지는 영적 싸움은 생각보다 더 치열하고 실제적이다. 전쟁터에 나간 장군의 모습을 떠올려보라. 거듭되는 전쟁 속에서 갑옷과 무기 그리고 몸에도 전쟁의 흔적이 남는다. 큰 전쟁의 경험이 많을수록 그 흔적도 많아질 것이다. 또한 거듭 이어지는 승리로 얻는 위엄은 살아 있는 역사 그 자체일 것이다. 전쟁을 승리로 이끈 자의 흔적은 훈장과 같다. 마치 예수 그리스도의 몸에 난 못과 창 자국처럼 말이다.

사역자로서 나의 소망은 영적 장군과 군사가 이 땅에 점점 더 많아지는 것이다. 특히 지금과 같은 마지막 때에 회개의 중요성과 그 강력함이 한국 땅 전체에 퍼져 모든 성도가 하나 되어 주님의 나라를 이 땅에 확장해나가기를 소망한다. 많은 전쟁에서 승리했다고 자만하지 말고, 반대로 실패했다고 좌절하지 말아야 한다. 우리 대장 되신 예수 그리스도가 지금도 복음의 역사를 쓰고 계심을 잊지 말고 현장에서 쓰임 받는 우리가 되자.

3. 심장에서 기차 소리가 들리다

　C 사모님은 어렸을 때 육상부 선수로 뛸 만큼 건강했다. 중학교 때 예수님을 믿게 되었고 은혜도 체험한 경험이 있다. 그러나 직장생활을 시작하면서부터 신앙이 식어갔고, 그 상태로 결혼도 하게 되었다. 그때부터 온 몸에 알 수 없는 통증이 생기기 시작했다. 결혼 후 시골에 있는 시댁에 내려가 3년간 살았는데, 우상숭배가 강한 시댁으로 인해 영육이 눌렸다. 제사에도 참여하면서 자연히 주님과는 더 멀어졌다. 당시 남편은 예수님을 모르는 상태였고, 사모님은 깐깐한 시어머니에게서 고된 시집살이를 하면서 몸과 마음이 상했다. 그 시대에 시집살이를 안 한 며느리는 거의 없었지만 고부간의 갈등은 사모님의 몸과 마음을 아프게 했다. 생전 아파본 적 없는 머리가 아프기 일쑤였고, 나이가 젊은데도 힘이 없어 누워 있기가 일쑤였다.

　그 후 사모님은 시댁에서 분가하면서 다시 교회에 나가게 되었는데, 불같은 은혜가 사모님에게 말 그대로 쏟아 부어졌다. 환상이 열리고 능력이 나타났다. 남편 또한 하나님의 능력을 체험하면서 단 번에 예수님을 믿게 되었고, 남편을 통해 불같은 복음이 전파되었다. 그럼에도 불구하고 사모님은 시간이 갈수록 알 수 없는 고통에 눌려 시름시름 앓았다. 병원에 가서 검사해보니 저혈압이 있었고, 신체 나이가 80대 노인만큼이

나 약해졌다는 진단을 받았다. 그리고 신경쇠약이 있으니 정신신경과를 가보라는 권유를 받기도 했다. 처방된 약을 먹기도 하고 쉬어도 보았지만 이런 현상은 되풀이되었다.

사모님에게 하나님의 역사와 악한 영의 역사 모두 강했다. 사모님의 건강과 환경이 가장 어려울 때 서울에서 영적 사역을 하시는 귀한 목사님을 만나 회개의 은혜에 뛰어들었다. 사모님이 진단을 받아보니 우상을 숭배했을 때 들어온 영이 매우 많았고, 온 몸이 영으로 가득한 상태로 보았을 때 살아 있다는 자체가 기적인 분이었다. 사모님은 회개에 전념하면서 건강과 삶이 많이 회복되었다. 그 후 사모님은 우리 센터의 동역자로 섬기게 되었는데 가끔 사역을 받기도 했다. 그때 받았던 사역 중 사례 하나를 소개하려고 한다.

어느 점심시간이었다. 사모님과 그 가정이 모두 회개하게 되면서 놀랍게도 사모님의 시어머니 또한 깊은 회개에 동참했다. 그날은 특별히 사모님의 시어머니인 집사님이 센터로 와 회개하고 사역을 받고 갔는데, 사모님은 센터에서 함께 회개하고 점심을 먹던 중이었다. 그런데 이상하게 사모님은 시어머니가 사역을 받고 돌아간 후부터 가슴에 두려움과 미세한 진동이 느껴진다고 했다. 처음에는 대수롭지 않게 여겼는데 갑자기 그 미세한 진동이 급작스럽게 증폭되면서 가슴 전체가 쿵쿵거리며 크게 뛰기 시작했다. 마치 타작기가 발동할 때 나는 소리와 같았다. 그 소리가 얼마나 큰지 함께 있던 내 귀에까지 쿵쿵 소리가 들렸다. 그 진동과 소리는 점점 빨라졌고, 커지고 있었다. 나도 이런 일이 처음이라 당황스러웠고 사모님도 당황하여 어쩔 줄 몰라 했다. 이대로 두었다간 곧 쓰러질 것만 같았다.

우리는 식사를 중단하고 바로 사역에 들어갔다. 표출된 영들은 제사의 영, 무당의 영과 눌림의 영이었고 우리는 사모님에게 회개하라고 하고는 바로 사역을 시작했다. 사역하면서 보니 악한 영들은 가슴에서 20센티미터 정도 표출되어 있었다. 밖으로 표출된 영들을 손으로 잡아보니 내 손에까지 그 진동이 느껴졌다. 제사의 영과 무당의 영을 중심으로 악한 영들을 심장에서 뽑아내자 한 10여 분 정도 탄력 있는 실과 같은 영들이 계속 올라왔다. 올라오는 영들을 계속 뽑아내고 불러내니 심장에서 들리는 소리가 금방 점점 줄어들기 시작했다.

내가 이렇게 악한 영을 손으로 만질 수 있게 된 것은 영안이 깊이 열리면서부터였다. 예수님을 영접할 때부터 환상이 열리긴 했지만 영적 스승을 만나고 깊은 회개를 접하게 되면서 영안도 깊이 열리게 되었다. 한번은 지하철을 타고 오는데 눈을 감으면 맞은편에 앉아 있는 자매의 머리와 얼굴, 턱에 실지렁이 같은 영들이 보였다. 눈을 뜨면 잘 보이지 않았지만 눈을 감으면 보였다.

영안이 열린 후에도 깊은 회개 가운데 있던 나는 영안이 차츰차츰 더 깊이 열렸다. 내 머리를 감고 있는 영과 덮여 있는 영들이 보이기 시작하는데 풀 같은 형태로, 혹은 지렁이와 실뱀, 나무껍질, 철 고리, 철 핀, 쌀,

국수 가락, 실제 뱀의 형상 등 여러 형태로 보이기 시작했다. 그때부터 악한 영을 피부로 더욱 민감하게 느끼게 되었다. 지렁이나 실, 낚싯줄, 뱀 등 다양한 재질의 영이 만져졌다. 끈적거리기도 하고 따끔거리기도 했는데, 힘이 강한 영은 그 꿈틀거림이 생생했다. 놀라운 것은 뱀의 꼬리에 달려 있는 꼬리표까지 만져지는데 그 느낌이 어찌나 생생한지 넓고 납작한 고무줄 같았다.

"뱀을 집어올리며…"(막 16:18).

이렇게 세력을 느낄 수 있는 은사를 받은 후 사역 초반에는 손으로 악한 영이 박혀 있는 곳을 누르고 표출된 영들을 직접 손으로 잡아서 뽑아내기도 했다. 사역 초기였기 때문에 영권이 약하기도 했고, 손으로 뽑아야만 큰 효과가 있는 줄 알았다. 지금은 악한 영들을 불러내는 것만으로도 충분히 효과적으로 사역할 수 있다는 것을 알았기 때문에 손으로는 거의 사역하지 않는다.

직접 영들을 잡아 뽑아내면 그때마다 영들의 공격이 얼마나 강한지 견디기가 힘들었다. 영들을 직접 뽑아내면 손과 어깨, 머리 전체, 간에 악한 영들이 지독히도 파고들어갔다. 특히 배에 악한 영이 많이 박혔는데, 그 통증은 큰 바늘이 박힌 것처럼 고통스러웠다. 그 통증은 순간적인 것이 아니라 그 영들을 뜯어내기 전까지 계속되었다. 아직 나에게도 회개할 것이 남아 있어 내 몸에 있는 영들이 자석과 같이 동일한 성격을 가진 영들을 끌어당겼기 때문이다.

나는 매번 공격을 받으면 내 몸에 감기고 박혀 있는 악한 영들을 대적하며 직접 뽑아내야만 했다. 그리고 더욱 회개에 힘써야 했다. 영들이 나에게 감기는 것을 보며 나 자신이 주님 앞에 얼마나 더러운 죄인인지 순간순간 느꼈다. 그야말로 저절로 겸손해질 수밖에 없었다. 나는 주님의 큰 은혜를 받은 죄인이다.

그렇게 스스로 20분 정도 사역을 하면 겉으로 파고 들어간 영들은 제거되었고, 통증도 어느 정도 가셨다. 그러나 직접 손으로 사역했을 경우 몸 깊숙한 곳까지 순식간에 파고 들어간 영들은 쉽게 제거되지 않았다. 그런 것들은 시간이 날 때마다 회개하며 내보낼 수밖에 없었다. 내 몸에 찌꺼기처럼 남아 있는 악한 영들은 회개를 통해 내보내야 한다. 때로는 다른 사역자에게 영적인 도움을 받기도 했다. 이렇게 생생하게 느껴지는 통증 때문에라도 나는 항상 영적으로 깨어 있을 수밖에 없었다. 고통스럽지만 매우 감사한 일이다.

사모님을 사역한 후에도 마찬가지 상황이 벌어졌다. 표출된 영들을 뽑아내며 큰 위기는 넘겼지만, 나는 제사의 영, 무당의 영, 혈기의 영들의 공격을 받았다. 손에 감겨 있는 영들은 마치 납덩이가 매달려 있는 듯 무거웠고, 복부는 즉각적으로 통증이 느껴졌으며, 머리 또한 마치 철사로 조이는 것처럼 아팠다.

나는 사역을 마치자마자 공격을 받은 영들을 스스로 사역하기 위해 밖으로 나갔다. 내 몸에 박힌 영들을 뜯어낼 때는 막혀 있는 공간보다 바깥이 편했다. 악한 영들을 대적하며 회개도 하고 박힌 영들을 손으로 뽑아냈다. 10분 정도 집중적으로 사역을 하니 극심한 통증이 사라졌다. 그래도 1시간 정도 스스로 사역한 후 교회로 들어갔다. 이처럼 사역자의 삶이란 악한 영과의 끊임없는 전쟁 가운데 있는 것이며, 겸손하게 회개하는 자리로 늘 돌아가야 한다. 그것만이 살 길이다.

사모님은 사역을 받은 후 안정을 찾았다. 더는 가슴에서 쿵쿵거리는 진동 소리가 들리지 않았다. 사모님은 계속해서 회개하며 살았는데도 가슴에 이렇게 악한 영이 많은 줄 몰랐다고 고백했다. 회개와 영적 사역에 매진했던 자신에게 악한 영이 표출된다면 얼마나 당황스럽고 놀라겠는가. 지금까지 기도해온 것이 허무하게 느껴질 수도 있다. 그러나 사모님은 신실하신 하나님을 믿고 포기하지 않았다.

깊은 곳에 자리 잡고 있는 영들은 그 정체가 바로 드러나지 않을 때도 있는데 사모님의 경우는 두 사람이 하나가 되어 회개함으로 악한 영이 표출되었다. 시어머니와 며느리라는 2대에 걸친 진실한 회개로 인해 악한 영은 더는 합법적으로 머물 수 없게 되었다. 영들이 나가려고 움직이니 영들에게 강하게 묶여 있던 심장도 덩달아 빨리 뛰면서 가슴에서 주먹으로 치는 것 같은 소리가 들린 것이다.

하나님이 우리 자신이나 가정의 영적 현주소를 깨닫게 하신다면 감사해야 한다. 그 현주소가 충격적인 경우가 대부분이지만, 그것을 깨닫는 것은 옳은 방향으로 가는 기회가 된다. 이를 알게 하시는 분은 하나님이며 깊은 기도를 통해 또는 영적 사역자들을 통해 알려주기도 하신다. 우리 자신이나 가정의 영적 현주소를 알게 되면 어떤 때는 우리의 예상과 달라 실망하거나 분노가 일어나는 경우도 있다. 그러나 막상 회개의 자리로 돌아가 보면 자신과 가문이 지은 죄가 얼마나 깊은지 깨닫게 되고, 그토록 오래 참으신 하나님 앞에서 감사와 회개 외에는 할 말이 없게 된다. 회개가 깊어질수록 하나님이 우리를 향해 얼마나 오래 참으시는지 참으로 알 수 있다. 하나님은 노하기를 더디 하시는 자비로운 분이시다.

"여호와께서 그의 앞으로 지나시며 선포하시되 여호와라 여호와라 자비롭고 은혜롭고 노하기를 더디하고 인자와 진실이 많은 하나님이라"(출 34:6).

하나님이 기다리신 것은 하나가 될 수 없는 두 사람이 하나가 되는 회개였다. 이번 사역을 통해 하나님 나라가 영육 간으로 사모님에게 임했다. 사모님의 저혈압이 치유된 것이다. 건강 검진을 위해 병원에 가서 혈압을 검사해보니 정상 수치가 나온 것이다. 전에는 항상 저혈압으로 측정되었는데 정상으로 회복되었다. 이렇게 하나님의 때가 차면 하나님의 능력이 나타난다.

혈압이 회복되자 사모님은 힘과 생기가 넘쳤다. 사모님은 이제 등산을 가도 전처럼 숨이 가쁘지 않다고 고백했다. 악한 영만 표출되어 나간 것이 아니라 질병의 문제 또한 해결받은 것이다. 가장 큰 기적은 고부가 하나 되어 회개한 것이다. 지금도 하나님의 기적은 일어난다.

"진실로 다시 너희에게 이르노니 너희 중의 두 사람이 땅에서 합심하여 무엇이든지 구하면 하늘에 계신 내 아버지께서 그들을 위하여 이루게 하시리라 두세 사람이 내 이름으로 모인 곳에는 나도 그들 중에 있느니라"(마 18:19-20).

하나님이 행하시는 놀라운 일은 한 번으로 그치지 않는다. 주님의 때는 주님만이 아신다. 그러나 주님의 때는 시간이 흐른다고 임하는 것이 아니라 주님의 역사하심을 맞이할 준비를 마쳤을 때 임하게 된다. 사모님의 경우 고부가 하나 되는 회개의 양이 찼기 때문에 주님의 역사가 일어난 것이다. 우리는 주님의 때를 기다리기 위해 하나님 앞에 순종할 것이 무엇인지, 회개할 것이 무엇인지 깊이 알아 실행한다면 그때를 앞당길 수도 있다. 주님이 역사하실 무대를 지혜롭게 준비하는 우리 모두가 되기를 소망한다.

4. 요동치던 몸이 잠잠해지다

우리 센터에서 회개 사역을 받던 B 목사님은 어느 날 본인이 섬기고 있는 교회의 집사님에 대한 상담을 요청했다. 그 집사님은 학력도 뛰어나고 능력도 있는 분이었다. 그 집사님은 목사님 지인의 소개를 받아 연결이 되었고, 봉사를 하고 싶었던 집사님은 기쁜 마음으로 대안 학교 사역에 동참하였다. 그러나 집사님은 대안 학교에 들어온 지 6개월이 지났을 때부터 갑자기 이해할 수 없는 행동을 반복하기 시작했다. 이 이상한 행동은 특히 설교할 때 심해졌다. "당신이 목사야? 이 거짓말쟁이야!"

집사님은 설교 시간에 갑자기 일어나 큰 소리로 목사님에 대해 외설적인 욕을 하며 비하한다는 것이었다. 집사님은 자신의 행동이 자신의 의지로 일어난 것이 아니라고 했다. 목사님과 함께 상담을 받는 등 여러 가지 방법을 써보았지만 소용이 없었다. 집사님이 일으키는 이런 문제는 교회 전체 분위기를 흐릴 수밖에 없었고, 목회에 큰 걸림돌이 되었다. 목사님은 어렵게 상황을 설명했고 나는 그분을 우리 센터로 데려오라고 권했다. 며칠이 지나 목사님은 집사님과 함께 우리 센터에 왔다.

우리 센터에 온 집사님의 상태는 말로 들었을 때보다 더욱 안 좋아 보였다. 목사님의 말로는 상태가 좋아졌다가 나빠지기를 반복한다고 했다. 눈에는 초점이 없었고, 무슨 말을 해도 잘 인지하지 못했다. 그리고 말도 되지 않는 말을 횡설수설했고, 사리 분별조차 어려운 상태로 보였다. 집사님은 말 그대로 귀신이 들려 있었다. 진단을 해본 결과 우상숭배할 때 들어온 영이 머리를 꽉 잡고 있었다. 그 중 제사의 영과 무당의 영이 가장 강했고, 교만의 영과 거짓의 영도 비교적 강했다.

집사님은 어떤 말을 해도 잘 인지하지 못했기 때문에 반복적으로 영적 상태에 대해 설명했고, 회개할 때 참고하라고 회개기도문을 주었다. 그래도 집사님은 순종하려는 의지를 보였다. 집사님은 우리가 알려드린 대로 일주일간 회개의 시간을 가졌고 그 후 사역이 시작되었다.

집사님은 사역이 시작되자마자 뱀이 자기 몸을 꼬듯 온 몸이 꼬이기 시작했다. 그 움직임이 점점 더 강렬해지자, 집사님은 사역장을 여기저기 굴러다니며 괴상한 소리를 지르면서 고통스러워했다. 내담자가 자신의 의지와 상관없이 몸이 움직이는 경우는 몸에 있는 크고 강한 영이 몸부림을 치기 때문이다. 사실 회개가 충분히 되었다면 악한 영은 쉽게 분리되며, 큰 영이라도 잘 나간다.

계속된 사역 가운데 집사님의 몸부림은 점점 심해졌고, 집사님도 너무 고통스러워했기에 일단 사역을 중단하기로 했다. 악한 영에게 움직임을 멈추라고 명령도 하지만 상태에 따라 내담자에게 더 깊은 회개를 요청하기도 한다. 사역을 중단하고 성경을 펴서 믿음에 관한 말씀을 전했다. 집사님은 말씀에 대한 이해와 믿음도 약했기 때문에 말씀이 필요했다. 더불어 영적 상태가 매우 심각하니 꼭 금식기도와 함께 회개 기도를 할 것을 당부했다. 몸에 있는 영이 크고 강할 경우 금식을 하게 되면 자연스럽게 몸의 힘이 빠지면서 몸에 있던 악한 영들도 힘이 약해지기 때문이다.

일주일 후 2차 사역을 시작했다. 이번에도 먼저 함께 말씀을 보고 믿음을 굳건히 붙잡을 것을 말했다. 나는 집사님에게 우상숭배와 교만, 거짓 순으로 회개하도록 요청한 뒤 사역을 진행했다. 생각보다 많은 사람이 무엇을 어떻게 회개해야 할지 잘 모르기 때문에 회개기도문의 도움을 받는 것이 유익하다. 나는 집사님에게 기도문을 진심으로 읽으며 회개하기를 권했고, 집사님은 나의 말을 신뢰하며 누워 있는 상태에서 양손에 기도문을 들고 읽기 시작했다. 악한 영들을 불러내자 이번에도 전과 마찬가지로 온 몸이 뱀처럼 꿈틀거리기 시작했다.

그렇게 온 몸이 비틀리기 시작하더니 갑자기 양쪽 팔이 이리저리 움직이기 시작했다. 집사님이 양손으로 회개 기도문을 잡고 기도하고 있었기 때문에 악한 영이 회개 기도문을 읽지 못하도록 팔을 움직였던 것이었다. 집사님 본인도 당황했지만 이런 움직임은 집사님의 의지와 상관이 없었다. 이에 집사님은 한쪽 손으로 회개 기도문을 옮겨 잡고 회개를 이어갔다.

집사님은 한쪽 손으로 기도문을 잡은 채 열정적으로 다시 회개하기 시작했다. 그러자 더욱 경악스러운 광경이 펼쳐졌다. 집사님의 팔이 20센티미터 정도 그 길이가 늘어나기 시작했는데 그 장면이 너무 끔찍해서 마치 영화 속 한 장면을 보는 것만 같았다. 실제로 팔에 감겨 있던 악한 영이 회개를 방해하려고 회개 기도문을 읽지 못하게 하기 위해 쭉 뻗어 나온 까닭이었다. 팔에 감긴 악한 영은 큰 뱀의 형상을 하고 있었다. 그 영은 집사님이 회개하는 것을 매우 싫어했다.

사역을 하는 나도 섬뜩했지만 그럴수록 주님을 의지하고 예수 이름으로 더욱 강하게 악한 영을 불러냈다. 사역을 하다 보면 여러 가지 소름 돋는 현상이 일어날 수 있는데 그럴수록 절대로 약한 모습을 보이면 안 된다. 악한 영과 대면하고 있는 상태이기 때문에 약한 모습을 내비치는 순간 자칫 사역자에게 공격이 올 수도 있다. 승리하신 우리 대장 예수 그리스도를 의지하며 더욱 강하게 악한 영을 대적해야 한다. 그들은 패배자들이다.

그 후 집사님의 팔은 정상으로 돌아왔다. 악한 영들이 계속 방해했지만 집사님은 포기하지 않고 회개했다. 그런데 또 이상한 현상이 벌어지기 시작했다. 이번에는 혀가 입 안에서 길게 나오기 시작했다. 집사님의 안색은 새까맣게 변했고, 혀가 입에서 약 10센티미터 이상 나왔다. 혀에 있던 거짓의 영이 표출되기 시작한 것이다. 그러더니 뱀처럼 날름거리며 혀가 들어갔다 나오기를 반복했다. 강한 영이 상당히 많은 상태였다. 악한 영이 표출된 경우 그 움직임은 뱀의 움직임과 유사한 경우가 많다. 악한 영은 뱀의 형상을 하고 있기 때문이다.

"큰 용이 내쫓기니 옛 뱀 곧 마귀라고도 하고 사탄이라고도 하며 온 천하를 꾀는 자라 그가 땅으로 내쫓기니 그의 사자들도 그와 함께 내쫓기니라"(계 12:9).

계속해서 펼쳐지는 놀라운 현상에 나는 주님만 붙들고 더욱 간절한 마음으로 담대하게 사역했다. 나도 땀이 나기 시작했다. 악한 영들을 계속해서 불러내니 이상한 현상도 계속되었다. 영들이 어느 정도 나가고 혀의 움직임이 조금 잠잠해지자 이번에는 집사님의 상체가 활처럼 휘어지더니 데굴데굴 뒹굴면서 사방으로 기어 다니기 시작했다. 집사님이 예수님 앞에 계속해서 회개하자 온 몸의 영은 더는 머물 수 없어 떠오르기 시작한 것이다. 악한 영들은 주님 앞에서 패배할 수밖에 없었다. 예수 이름의 권세가 강력하고, 주님을 믿고 회개하는 것이 얼마나 강력한 것인지 나는 온 몸이 저릿하도록 체험한다. 영적인 세계는 실재인 것이다.

나는 더욱 힘을 내어 담대하게 예수의 이름으로 악한 영을 꾸짖으며 불러냈다. 죄를 회개함으로 악한 영들이 더는 머물 수 없게 되자 예수 이름으로 불러내는 즉시 악한 영들은 쫓겨 나갔다. 악한 영들이 아무리 발악을 해도 나갈 수밖에 없다.

사역을 받는 집사님의 온 몸이 땀으로 젖었다. 여기저기 기어 다니면서 괴성을 지르며 숨을 가쁘게 몰아쉬었다. 악한 영들은 계속 집사님에게서 쏟아져 나왔다. 그렇게 1시간 정도 사역을 하고 나니 악한 영도 많이 쫓겨나갔고 집사님도 조금씩 안정을 찾았다. 나는 악한 영들이 회개한 만큼 우리 몸에서 표출되어 나오는 것을 직접 보면서 회개가 얼마나 중요하고 강력한 것인지 다시 확인했다.

"만일 우리가 우리 죄를 자백하면 그는 미쁘시고 의로우사 우리 죄를 사하시며 우리를 모든 불의에서 깨끗하게 하실 것이요"(요일 1:9).

위 구절에서 "자백하면"의 동사 시제는 현재 능동태다. 이것은 우리가 회개할 때 주님이 그 죄를 사하시며 깨끗하게 하신다는 말씀이다. 회개는 십자가 능력이 흐르도록 전원 스위치를 켜는 것과 같다. 하나님 말씀에 능력이 있기 때문에 우리가 회개할 때 그 능력이 우리에게 부어지는 것이다.

유난스러웠던 2차 사역을 마치자 집사님의 상태가 확연히 호전되어 말과 정신이 또렷해졌다. 집사님은 자신이 치유되었음을 느끼고 알았기 때문에 더욱 열심히 회개하고 오겠다고 다짐했다. 회개 사역에 탄력이 붙었기에 나는 집사님에게 하루에 3-4시간 이상 회개할 것을 권했다. 그리고 말씀 몇 구절을 알려주면서 회개하기 전에 반드시 이 말씀을 먼저 읽기를 당부했고, 항상 찬송을 부르며 하루 한 끼씩이라도 금식을 이어가기를 권면했다. 집사님은 순종하겠다고 대답하고는 기쁜 마음으로 돌아갔다. 나 또한 사역을 마친 후 하나님이 놀라운 능력과 은혜를 베풀어주셨음에 영광을 돌리고, 나를 주의 사역자로 사용해주심에 크게 감사했다. 주님의 놀라운 은혜로 2차 사역이 마무리되었다.

집사님에게 이렇게 큰 영이 들어온 이유 중 하나는 천주교를 믿는 가정에서 영적으로 혼란스러운 부분이 많았기 때문이었다. 온 집안이 천주교를 믿었는데 최근에 집사님만 기독교로 개종한 것이다. 기독교인인 우리는 오직 유일신 하나님만 믿기 때문에 우상숭배 제사는 어떤 형태라도 절대적으로 금한다. 그러나 집사님 가정은 천주교 교리에 어긋나지 않기 때문에 제사도 지내고 우상숭배에 철저하지 못했다. 영적으로 매우 혼탁한 환경에서 자란 것이다. 집사님은 아직도 가정 전체가 믿음이 온전하지 않고 영적으로 어려운 환경에서 고통받고 있다고 고백했다. 기독교로 개종한 지 얼마 되지 않은 집사님은 치열한 영적 전쟁을 벌이고 있었지만 너무 연약했기에 모든 공격을 그대로 다 받을 수밖에 없었다.

만약 자신과 가족 모두가 예수님 안에 있다면 그 자체가 매우 큰 하나님의 축복이다. 영적 원리는 위에서부터 아래로 흐르기 때문에 부모님이 예수님을 믿는 것은 자녀에게 가장 크고 강력한 축복이다. 특히나 영적으로 깨어 있고 회개하는 부모님을 둔 자녀는 특별한 은혜 가운데 있는 것이다. 이런 자녀는 하나님께 귀하게 쓰임 받고 하나님의 큰 복을 받는 것을 많이 볼 수 있다.

다시 일주일이 지나고 3차 사역이 진행되었다. 이번에도 우리는 집사님과 함께 먼저 기도와 말씀으로 단단히 무장한 뒤 사역을 시작했다. 집사님은 간절히 회개하였고 나는 예수님의 이름으로 악한 영들을 불러냈다. 그러자 이번에도 집사님은 다시 바닥을 구르며 몸부림치기 시작했다. 그러나 전처럼 혀가 길게 나오거나 팔이 길어지지는 않았다. 나는 주님의 능력을 믿고 더욱 강력하게 예수님 이름으로 악한 영을 꾸짖으며 불러냈다. 드디어 집사님 몸에서 악어 같은 모양의 영이 쫓겨나가는 것이 보였다. 무당의 영, 거짓의 영, 교만의 영들이 빠져나갔다.

큰 영이 나가고 난 후 나는 계속해서 남아 있는 비교적 작은 크기의 영들을 머리에서 불러냈다. 악한 영들이 어느 정도 제거되자 집사님에게 하나님의 평안이 임했고, 격한 몸부림도 곧 멈췄다. 끝내 승리한 것이다. 집사님에게 이제 더는 이상한 현상이 일어나지 않았다. 이렇게 사역을 마치고 나니 집사님은 약간 상기된 모습으로 감사의 인사를 하고 주님께 감사 예물을 드렸다. 승리하게 하신 것은 무조건적인 주님의 은혜다.

그렇게 사역이 끝나고 며칠 후, 목사님이 우리 센터를 찾아왔다. 집사님이 자신의 몸에 있던 영들이 쫓겨나가고 안정을 찾게 되었다고 울면서 간증했다는 기쁜 소식을 전해주기 위함이었다. 집사님은 영육이 회복되었고, 정신이 온전해졌으며, 주님의 은혜를 기뻐했다. 우리도 함께 기뻐하며 모든 영광을 하나님께 돌렸다.

내가 사역자로서 조금 아쉬웠던 점은 집사님이 계속해서 회개를 이어갔으면 하는 것이었다. 악한 영들은 쫓겨나가기는 했지만 악한 영의 존재는 녹아 사라진 것이 아니다. 악한 영들은 계속해서 이 땅에 두루 다니며 삼킬 자를 찾고(욥 1:7), 나갔던 곳을 다시 찾아오기도 한다.

"이에 가서 저보다 더 악한 귀신 일곱을 데리고 들어가서 거하니 그 사람의 나중 형편이 전보다 더욱 심하게 되느니라 이 악한 세대가 또한 이렇게 되리라"(마 12:45).

이 사실을 망각한 채 영적 전쟁이 끝난 줄 알고 회개를 완전히 놓아버리면 악한 영은 계속해서 우리의 약한 부분을 자극하면서 죄를 짓도록 유혹한다.

그렇기에 크고 강한 영이 들어왔던 사람일수록 이후 지속적인 회개가 더욱 필요하다. 이제 더는 악한 영들에게 작은 기회라도 줄 수 없는 것이 분명하기 때문이다. 사역 후 영적 관리 또한 매우 중요한데 이런 경우 계속해서 영적으로 관리를 잘하면 영적 은사가 강하게 들어오기도 한다.

모든 사역이 잘 마무리되고 주님이 베푸신 은혜와 능력으로 인해 나의 마음에도 은혜가 차올랐다. 이처럼 기쁘고 감사한 일이 어디 있겠는가. 그러던 며칠이 지난 어느 날 밤이었다. 나는 그날도 하루를 마무리하고 잠자리에 누웠다. 그런데 잠이 들려고 하는 순간 갑자기 몸에서 힘이 쭉 빠지면서 사람의 모양을 한 짙은 검은 색의 악한 영이 나타나 순식간에 내 목덜미를 움켜쥐는 것이 아닌가. 나는 이 귀신을 본 순간 집사님을 괴롭혔던 귀신 중 하나였음을 직감할 수 있었다

나의 목을 조르고 있는 팔뚝은 성인 남자의 종아리 굵기 정도로 보였고, 손은 내 손보다 3.5배 커 보였다. 손가락 굵기 또한 지름 4센티미터

정도 되어 보였고, 손톱은 3센티미터 정도 길게 뻗어 있었다. 유난히 짙은 까만색 손은 털이 숭숭 나 있어 더욱더 더럽게 느껴졌다. 목이 잡힌 나는 캑캑거리며 내 두 손으로 그 더러운 손을 잡아 꺾기 위해 두 팔이 덜덜 떨릴 정도로 안간힘을 썼다. 그러나 이 귀신의 아귀힘은 대단했다. 나는 힘이 빠지려는 순간 큰 소리로 간절히 주님을 불렀다. "주여!" 그 순간 갑자기 내 손에 힘이 쥐어지면서 내 목을 쥐고 있던 귀신의 손을 간신히 떼어낼 수 있었다. 팽팽하게 실랑이를 벌이던 중 나는 죽기 살기로 귀신의 손을 물었다. 그 느낌은 사람을 물었을 때와 촉감이 너무도 비슷했다. 그러자 귀신은 손을 떼면서 큰 소리를 내며 순식간에 도망갔다. "다시 와서 너를 죽인다." 그 소리는 주변 공기까지 얼어붙게 할 정도로 위협적이었다.

귀신과 벌인 싸움이 끝나자 나는 그제야 온 몸이 땀으로 젖어 있음을 알았다. 그러나 주님의 이름을 불렀을 때 주님이 주신 힘이 나의 몸에 남아 있었고 이 놀라운 승리에 나는 쾌재를 불렀다. 승리할 수 있게 해주신 주님께 나는 감사 고백을 드리다가 평온하게 잠이 들었다.

그 후 나는 더욱 회개에 정진하며 영적 방어와 공격 태세에 돌입했다. 감사하게도 그 후 이 귀신은 나를 찾아오지 못했고, 나는 주님의 은혜 안에서 온전히 승리를 누렸다.

나는 사역자로서 끊임없는 영적 전쟁터에 놓여 있음을 안다. 한시라도 영적 긴장감을 느슨히 풀 수 없다. 설령 풀어질 때가 있더라도 다시 정신을 차리고 영적 긴장을 잡는다. 그러나 그 상태는 참으로 평온하다. 긴장 가운데 있지만 내 안에 참된 평안함이 머문다. 사역을 하고 난 뒤 크고 작은 공격이 있더라도 회개 가운데 악한 영들을 물리친다. 때로는 이런 과정이 반복되면서 힘들기도 하지만 주님이 나에게 더 큰 영권을 주시려고 훈련하신다고 생각하면서 이내 감사를 드린다. 항상 이기게 하시는 주님이 함께 계시기에 어두운 골짝을 지날지라도 평안히 거닐 수 있다. 나는 생명을 위한 싸움을 멈추지 않을 것이다.

"여호와는 나의 목자시니 내게 부족함이 없으리로다"(시 23:1).

우리는 아직 이 땅에서 불완전한 자들이다. 어떤 회개 사역을 받았든지 그곳에서 멈추면 안 된다. 우리에게 문제가 있기 때문에 회개하는 것을 넘어서 하나님의 능력을 받고 진정으로 거룩한 그리스도인의 모습으로 변화되기 위해 더욱더 회개에 힘써야 한다. 문제가 있든지 없든지 회개의 자리에서 절대 벗어나지 말자. 자신에게 닥친 큰 문제가 해결되었더라도 계속 회개하여 거룩한 모습으로 변화되기를 바라는 것이 사역자의 마음이며, 주님의 마음이다.

제3부

영적 성장과 회개

"이로써 그 보배롭고 지극히 큰 약속을 우리에게 주사 이 약속으로 말미암아 너희가 정욕 때문에 세상에서 썩어질 것을 피하여 신성한 성품에 참여하는 자가 되게 하려 하셨느니라"(벧후 1:4).

영적 성장에서 장성한 분량에 이르는 것은 매우 중요하며 이는 신의 성품에 참여하는 것, 즉 예수님을 닮는 것이다. 예수님을 닮는 것은 곧 하나님을 닮는 것이다. 그러나 진정한 회개가 없이는 영적 성장의 출발선에 서기도 힘들다. 영적 성장을 향해 나아가기 위해서는 진리의 빛 아래서 자신의 처참함을 발견해야 한다. 현재의 모습이 완성되었다고 생각하며 만족한다면 성장할 이유도, 변화할 필요도 없기 때문이다. 자신의 참 모습을 깨닫고 회개함으로 우리는 변화하기 시작한다. 참된 변화는 회개를 동반한다.

자신의 참 모습을 보고 진정한 회개에 들어갔다면 주님의 참 모습을 볼 수 있게 된다. 주님을 닮는 데 가장 좋은 길은 주님을 만나 직접 보고 배우는 것이다. 즉 주님과의 지속적인 관계는 영적 성장의 핵심이다. 그것은 주님과 함께 사는 삶이다. 영적 호기심으로 주님을 보기 원하는 자들은 많지만 주님과 함께 살기 원하는 자들은 드물다. 그러나 참으로 주님의 제자가 되어 주님의 가르침 아래 거한다면 그보다 빠르게 영적 성장을 이루는 길은 없다.

또한 깊은 회개를 통해 죄에 대한 인식이 더욱 깊어짐에 따라 더욱 죄를 미워하고 말씀에 순종하기를 힘쓰게 된다. 죄를 짓는 것 자체가 고통스러워지기 때문에 더 빨리 주님 앞에 엎드릴 수 있게 된다. 자칫 교만해질 수 있는 우리는 겸손히 말씀 앞에서 회개하는 자리로 나아가는 것이 안전하다.

이번 제3부에서 나는 우리 센터의 회개 사역을 통해 변화되어 영적으로 성장한 사례를 소개하려 한다. 이 책을 읽는 이들에게도 동일한 은혜가 임하기를 간절히 바란다.

1. 바다 한가운데에서

　S 권사님은 현재 3,500명이 넘는 교회의 개척 멤버로서 교회의 기둥 역할을 하는 분이다. 자신의 건물을 소유한, 물질적으로 매우 부유한 분이었다. 권사님은 나의 목회 초기에 얼굴도 모르는 상태에서 선교헌금을 보내기도 하셨다. 권사님은 교회 문제나 개인적인 문제가 있을 때 나에게 전화로 영적인 조언을 요청하시곤 했는데 그때마다 나는 하나님께 받은 응답을 통해 도움을 드리며 관계를 지속해왔다. 그러던 중 나의 아내와 연결되어 급작스럽게 우리 센터에 오시게 되었다.
　전화로만 이야기를 나누었던 권사님을 실제로 뵈니 어색하기도 했지만 너무나 반가웠다. 권사님이 처한 현재 상황을 들어보니 전에 알았던 권사님의 상황과는 사뭇 달랐다. 부유했던 과거와 달리 갑작스러운 문제들이 터지면서 지금은 가세가 많이 기울어진 상태였다. 시가 쪽의 유산 상속 문제가 꼬이면서 갖고 있던 건물도 빼앗겼으며, 현재 소유하고 있는 건물 또한 세입자가 많지 않아 어려운 상태였다.
　게다가 권사님은 건강에도 문제가 많았다. 발음이 어눌할 정도로 얼굴에 마비 현상이 있었고, 마비 현상이 심해지면 가끔 침도 조금씩 흘린다는 것이었다. 그뿐만 아니라 몸 전체에 붓기가 있었고, 부정맥으로 다리가 단단하게 부어 있었다. 특별히 머리가 계속 무겁고 통증이 있어서 병원과 한의원을 여러 군데 다니며 치료를 받고 있었다. 목 주변에는 한의원에서 치료받은 흔적이 선명했다. 하나님께 축복을 받아야 할 권사님의 상태가 굉장히 심각했다.

여러 이야기를 나눈 후 나는 우리 센터의 사역을 소개하고 영적 진단을 했다. 진단을 해보니 머리와 다리에 우상숭배의 영이 많았고, 혈기분노의 영 또한 많았다. 영적으로 보았을 때 신앙에 열정이 있고 많은 헌신을 한 분이라고는 도저히 믿기 어려웠다. 오히려 영적으로도 많이 눌리고 지쳐 있는 상태였다. 문제의 매듭을 하나하나 풀어가야 할 필요가 있었다.

나는 권사님께 특별히 가문에 우상숭배의 영이 많다고 말씀드렸더니 놀라운 고백을 하셨다. 친정아버지가 절을 건축하도록 땅을 헌정했다는 것이었다. 그리고 자신의 형제자매 중 이단에 속한 사람도 있고, 이혼한 자녀들이 둘이나 있다고 하면서 복잡하고 어려운 가정사를 털어놓았다. 권사님은 마치 어두운 바다 한가운데서 홀로 허우적거리고 있는 것 같았다.

나는 이런 영적인 결과가 일어날 수밖에 없는 이유를 설명하면서 철저히 회개할 것을 말씀드렸다. 그 중 우상숭배와 혈기분노의 죄를 집중적으로 회개하시기를 권유했다.

"그것들에게 절하지 말며 그것들을 섬기지 말라 나 네 하나님 여호와는 질투하는 하나님인즉 나를 미워하는 자의 죄를 갚되 아버지로부터 아들에게로 삼사 대까지 이르게 하거니와"(출 20:5).

그렇게 일주일 동안 회개하고 오신 권사님에게 첫 번째 사역을 시작했다. 권사님은 시작부터 침을 튀겨가면서 열정적으로 회개했다. 내가 악한 영들을 불러내자 권사님의 얼굴 한쪽이 굳어지는 것 같더니 한쪽 입가에서 침과 거품이 흘러나오기 시작했다. 영적으로 살펴보니 입에서는 구정물처럼 더러운 물이 흘러나왔고 머리에는 겹겹이 쌓인 검은 색의 나무껍질 같은 영들이 한 꺼풀씩 벗겨져 나갔다. 우상숭배의 영들과 혈기분노의 영, 불평불만의 영들은 머리와 입을 통해 쏟아져 나왔다.

권사님은 교회에서 오랫동안 봉사했지만 함께한 사람들이 서로 마음이 맞지 않아 언성을 높이며 혈기를 부렸다고 고백했다. 그리고 불평불만을 할 때마다 악한 영들이 틈을 탔던 것 같다고 인정했다. 물론 공동체에서 함께 일을 하다 보면 감정이 상하거나 다툼이 벌어질 수 있지만 부드럽게 상황을 풀어가는 지혜가 필요하다. 그것은 그때마다 악한 영들도 벌떼와 같이 달려들기 때문인데, 토론하며 회의하는 것은 필요하지만 논쟁은 피하는 것이 현명하다. 불가피하게 이런 일이 생긴다면 철저히 회개하고 영적인 관리에 힘써야 한다.

"온 율법은 네 이웃 사랑하기를 네 자신 같이 하라 하신 한 말씀에서 이루어졌나니 만일 서로 물고 먹으면 피차 멸망할까 조심하라"(갈 5:14-15).

이렇게 아무리 많은 일을 하고 업적을 남긴다고 해도 사랑과 감사함으로 하지 않으면 충성하고도 죄를 짓게 되는 것이니 얼마나 안타까운 일인가. 나는 사역을 잠시 중단하고 권사님에게 삶의 예배에 관한 말씀을 드렸다. 어떤 일이 있어도 말씀을 붙들고 말과 일과 생각으로 순종하는 삶은 결국 자신의 생명을 구하는 것과 같다. 죄의 값은 사망이기에 어떤 죄든 멀리하고 돌이켜 감사하는 삶을 살아야 한다. 권사님은 이 모든 것을 인정하고 그대로 받아들이셨고, 나는 계속해서 악한 영들을 불러내며 사역을 진행할 수 있었다.

사역이 끝나자 권사님은 어깨를 들썩이기도 하고 머리를 돌리기도 하면서 몸이 한결 가벼워졌다며 좋아하셨다. 사역을 받고 난 후 변화를 명확히 느끼신 것이다. 권사님이 회개 사역의 능력을 인정하고 날마다 모든 시간을 회개에 쏟기로 약속하시는 것으로 첫 사역이 마무리되었다.

두 번째 사역 날 만난 권사님은 그동안 전심전력으로 회개하셔서 많은 영이 표출된 것으로 보였다. 우리는 바로 사역에 들어갔는데, 사역을 시작하자마자 머리에서 붉은 지렁이 같은 무당의 영과 혈기분노의 영들이 마치 나갈 준비를 한 듯 쫓겨나가기 시작했다. 이 외에도 수많은 영이 예수 이름의 능력 앞에 꼼짝없이 쫓겨나갔다. 그렇게 머리부터 발끝까지 집중적으로 사역을 하니 2시간 정도가 소요되었다.

권사님은 사역을 마치고 나자 머리가 너무나 시원해지고 무겁게 짓누르던 것이 많이 없어졌다며 매우 기뻐하셨다. 더 놀랍고 감사한 것은 어눌했던 발음이 정상으로 돌아온 것이다. 할렐루야! 머리에 있던 영과 입술에 있던 악한 영이 입과 얼굴 근육을 잡고 있었던 것인데 회개를 하고 불러내니 영들이 쫓겨나가 원래 모습으로 돌아온 것이다. 이것은 영적으로 매우 당연한 현상이다.

권사님은 자신의 상태가 좋아진 것을 느끼며 너무나 기뻐하셨다. 얼굴을 만져보면서 항상 얼굴과 입에 무엇인가가 붙어 있는 것 같아 불편했는데 사역을 받고 나니 다 사라졌다며 기쁨을 감추지 못하셨다. 이렇게 은혜를 체험한 권사님은 누가 시키기도 전에 스스로 더욱 회개에 전념하겠다며 다짐하셨다. 사역자로서 이보다 더 큰 기쁨은 없다.

"주의 성령이 내게 임하셨으니 이는 가난한 자에게 복음을 전하게 하시려고 내게 기름을 부으시고 나를 보내사 포로 된 자에게 자유를, 눈 먼 자에게 다시 보게 함을 전파하며 눌린 자를 자유롭게 하고 주의 은혜의 해를 전파하게 하려 하심이라 하였더라"(눅 4:18-19).

주님이 약속하신 대로 진정한 복음은 가난한 자에게 복음이 전파되는 것이며, 성령님의 역사로 질병과 악한 영들에게 눌린 부분이 자유케 되는 것이다. 진정한 복음은 주님이 선택하신 자들을 통해 주님의 자녀들에게 선포되는 것이다. 복음은 사상과 이해력이 필요한 것이 아니다. 복음은 그 자체가 능력이다.

권사님에 대한 사역이 계속 이어졌다. 어느 날 사역하는 중에 권사님 가슴을 보니 3-5센티미터 정도의 상처가 나 있는 곳에 유리 조각들이 박혀 있는 것이 보였다. 우리 팀 간사님을 통해 영적으로 진단해보니 상처 사이에 교만의 영, 혈기분노의 영, 하나 되지 못하게 하는 영들이 상처 사이사이에 많이 박혀 있었다. 권사님은 구체적인 사건을 고백하면서 상처를 드러내며 회개하는 동안 많이 괴로워했다. 앞장서서 교회를 섬기다가 목사님과 장로님들과 부딪히면서 많은 상처를 받은 것이다. 게다가 몇 십 년간 함께 성장해온 교회가 어려움으로 인해 갈라지면서 갈등이 노골적으로 드러났다. 그 후에도 갈라진 교회 안에서 수많은 잡음이 이어지면서 권사님은 견딜 수 없어 아예 교회에서 나오게 된 것이다.

교회가 나뉘는 것은 사역자인 나의 마음뿐만 아니라 주님의 마음도 아프시게 하는 일이다. 주님은 교회가 하나 되어 그리스도의 몸을 세우라고 말씀하셨다. 그렇기 때문에 하나 되지 못한 것에 대해 우리 자신과 교회의 죄를 회개하는 것이 필요하다. 악한 영은 나뉘게 만들고 성령님은 하나 되게 하신다.

"모든 겸손과 온유로 하고 오래 참음으로 사랑 가운데서 서로 용납하고 평안의 매는 줄로 성령이 하나 되게 하신 것을 힘써 지키라 몸이 하나요 성령도 한 분이시니 이와 같이 너희가 부르심의 한 소망 안에서 부르심을 받았느니라"(엡 4:2-4).

충성과 사랑은 함께 이루어져야 한다. 사랑 없는 충성은 주님이 받지 않으신다. 그리스도 안에서 하나 됨을 이루어가는 것이 충성의 결과여야 하며, 그것이 주님의 뜻인 것이다. 나는 파수꾼과 같이 우리 각자의 교회와 한국 교회 전체를 위하여 회개할 때 주님의 은혜가 부어지리라 믿는다.

권사님은 이렇게 하나씩 하나씩 상처와 죄를 회개하셨고, 사역을 마친 후 집으로 돌아가서는 사이가 좋지 않은 분들 한 분 한 분에게 전화도 하고 직접 방문하여 용서를 구했다. 담임 목사님도 직접 찾아가 지난 잘못을 고백하며 용서를 구했다. 회개는 이렇게 말로만 하는 것이 아니다. 비록 어려운 발걸음이지만 용기를 내어 실천한 것이다.

주님은 이런 권사님의 회개를 굉장히 기뻐하셨다. 권사님은 남들이 부러워할 정도로 영안이 잘 열려 꿈과 환상을 보고, 사역 중에도 악한 영들을 생생하게 보았다. 마치 축복이 폭죽처럼 터져 나오는 것 같았다. 적극적인 태도로 용기 있게 회개하며 주님 앞에 나아가니 영적 은사가 빨리 열렸다. 이처럼 적극적인 태도와 용기는 치유와 경건에 있어서 매우 유익하다. 내가 주님께 달려가는 만큼 주님은 나에게 달려오신다. 신앙에서는 적극적이고 담대하게 나아가는 자가 결국 승리자의 자리에 서게 된다.

권사님은 계속 진실하게 회개하면서 동시에 실천했다. 또 사역을 통해 막혔던 가슴이 열리고 뻣뻣했던 뒷목까지 풀리는 것을 체험하면서 모든 시간을 회개에 열중했다. 그런 모습을 보는 나는 권사님이 너무나 자랑스러웠고 가슴이 벅차올랐다. 또 권사님은 지금까지 약 40년간 열성적으로 신앙생활을 했지만 지금에 와서야 처음으로 "예수님 사랑해요"라고 고백할 수 있게 되었다고 했다. 그리고 과거 자신의 모습이 마치 바리새인같았다면서 눈물을 흘렸다. 이 고백에 나도 가슴이 뭉클해졌다. 이보다 더 감격스러운 일이 어디 있을까. 권사님을 기다려주신 주님의 사랑은 정말 한이 없었다. 그렇게 첫 단계 사역이 은혜 가운데 마무리되었다.

"화 있을진저 외식하는 서기관들과 바리새인들이여 너희가 박하와 회향과 근채의 십일조는 드리되 율법의 더 중한 바 정의와 긍휼과 믿음은 버렸도다 그러나 이것도 행하고 저것도 버리지 말아야 할지니라"(마 23:23).

"화 있을진저 외식하는 서기관들과 바리새인들이여 회칠한 무덤 같으니 겉으로는 아름답게 보이나 그 안에는 죽은 사람의 뼈와 모든 더러운 것이 가득하도다"(마 23:27).

우리는 대개 성경 속 바리새인과 서기관들을 보고 비판하기는 쉽지만 그들에게 우리의 모습이 있다는 것은 알지 못한다. 우리가 판단하는 우리의 모습과 하나님이 보시는 우리의 모습은 사뭇 다를 수 있다. 말씀의 거울 앞에서 자신을 제대로 비추어 보아야 하는데, 죄로 눈이 가려져 있으면 자신의 참 모습을 볼 수 없다. 회개가 중요한 이유 중 하나가 바로 여기에 있다. 우리의 눈을 가리고 생각을 가리고 있던 어둠이 벗겨지면 자신의 진짜 모습을 볼 수 있게 되고, 자신의 진짜 모습을 보았으니 그때부터 진정한 신앙생활을 할 수 있게 된다. 또 머리와 눈에 덮여 있던 영들이 벗어지면서 더 깊이 있게 말씀을 보게 되고, 그 속의 생수를 발견하고 마시게 되는 것이다.

첫 단계 사역을 마치고 나서 권사님의 종아리에 있는 부정맥을 치유하기 위한 사역을 진행했다. 먼저 영적 원인을 살펴보았다. 많은 영이 나갔음에도 불구하고 다리와 발에는 여전히 영이 많았다. 그래서 여러 차례 사역을 통해 악한 영들을 불러냈다. 그러던 어느 날 센터에 오신 권사님이 양말을 벗으며 다리를 보여주셨다. 전에는 딱딱했던 종아리가 누르면 들어갈 정도로 부드러워졌다. 또한 검게 변했던 부분들이 살색으로 회복되고 있었다. 눈이 띄게 회복된 모습을 본 우리는 하나님께 기쁨의 찬양을 드렸다.

이렇게 하나님의 기적을 계속 체험한 권사님은 자신의 모습을 가족에게 자랑하면서 담대하게 회개를 전했다. 권사님은 고통의 바다 한가운데 있었지만 회개의 문을 열자 성령과 은혜의 바다 한가운데 거하시게 되었다. 권사님은 회개의 능력과 성령의 능력을 실제로 경험했다.

이후에도 몇 차례 사역을 받았지만, 어느 정도 시간이 지나자 권사님은 더는 센터에 나오지 않았다. 나는 권사님이 받은 은혜가 많아 기쁘고 영광스러웠지만, 회개의 끈을 놓지 않는다면 받을 은혜가 더욱 클 것이었기에 아쉬움도 있었다. 그렇게 권사님은 지금까지도 생생하게 기억나는 분이다.

복음은 생각과 상상 속에 있는 것이 아니다. 기독교 사상을 알고 이해하는 것은 종교학이지 진정한 기독교가 아니다. 기독교 복음은 말이 아닌 능력으로 나타난다. 그 능력은 사람에 따라 다양한 크기와 형태로 나타나지만, 오직 예수 그리스도에게서 나온다. 많은 믿음의 선진들은 우리가 바다 한가운데 있을지라도 마실 수 있는 물이 없어 목말라 죽을 수도 있다고 경고한다. 우리는 왜 갈급해 하며 은혜를 풍성하게 경험하지 못하는가.

성령님은 지금도 우주 온 땅에 가득 차 계신다. 내가 사는 곳이 하나님으로 가득 찬 바다인 것이다. 주님을 만나고 마시기 위해서는 무엇보다 깊은 회개를 통해 그 통로를 열어야 한다. 회개를 통해 거룩한 주님께로 연결되는 거룩한 통로를 열어야 한다. 끝까지 뜨겁게 주님만을 사모하며 그 통로가 열리기를 기다리면 은혜의 물속에 잠기게 되는 날이 반드시 올 것이다. 우리는 모든 피조물보다 크신 하나님으로 채워질 때만 비로소 만족할 수 있다. 목마른 자가 있다면 바로 가까이에 계시는 주님을 믿고 찾으며 부르짖으라. 우리 모두 주님을 기대하며 깊은 회개를 통해 은혜의 통로를 열자. 회개만이 살 길이다.

2. 회개의 옷을 입다

처음 센터로 찾아오신 A 전도사님의 첫인상은 굉장히 강렬했다. 선글라스를 끼고 좋은 옷을 입은 채 센터로 들어오는 전도사님은 화려하고 세련되어 눈에 띄었다. 스타일뿐만 아니라 인생 자체도 화려했는데 과거에 경찰 고위직 사모님이었고 한때는 사업을 하면서 이 땅에서 누릴 수 있는 모든 것을 누리며 살았다. 엘리트 가정에서 부유하게 살다가 주님을 만나면서 전도사가 되었고, 해외 선교에도 열정이 있어 자주 해외로 선교를 나가는 분이었다.

많은 사람의 부러움을 사는 인생이었지만 내면은 갈급함으로 만족함이 없었다. 그동안 나름대로 기도와 회개도 했고 은혜를 사모하기도 했지만, 악한 영들의 방해가 많았다. 우리 센터로 찾아온 이유는 주님과 더 깊은 관계를 맺고 싶어서라고 했다. 우리는 상담을 한 뒤 바로 진단에 들어갔다.

주님은 먼저 교만의 영, 실패의 영들을 제거하기를 원하셨고, 이외에 세속적인 영이 많이 있는 것으로 보였다. 가슴 전체에 영이 많은 편이어서 가슴으로 들어오는 주님의 사랑과 빛을 가리고 있었다. 화려한 모습 뒤의 어두움은 짙었다. 전도사님은 과거에 전 재산이 얼마인지 알 수 없을 정도로 삶이 부유하고 화려했지만, 점점 물질적인 타격을 입었고, 기도원을 세운 뒤에도 물질적으로 사기를 당해 가슴은 상처받고 메말라 있었다. 남편과의 관계도 좋지 않아 마음 둘 곳이 없었다. 전도사님은 세상에서의 성공과 실패를 모두 경험했기에 삶 자체가 얼마나 부질없고 허무한지 그 누구보다 생생하게 경험했다. 그렇게 겉은 화려하고 멋졌지만 속은 새까맣게 타 있었다.

전도사님은 영적으로 갈급했기에 많은 곳을 다녔고, 하나님의 섭리 가운데 우리 센터에 대한 소식을 듣고 오게 된 것이다. 말씀을 들어보니 전도사님은 1대 신앙으로 부모님과 그 가정은 우상을 많이 섬겼다고 했다. 영적 진단 결과 역시 우상숭배의 영이 강했는데, 그 중에서도 무당의 영과 제사의 영이 상당히 강했다. 그리고 머리에 있는 교만의 영이 유난히 컸다. 우리는 먼저 주님이 특별히 가르쳐주신 부분들을 사역하기로 했다.

사역에 들어가자 주님이 가장 먼저 해결하기 원하시는 부분이 교만이었다. 사역에 들어가 전도사님이 교만을 회개하자 커다란 공작새가 머리에서 올라오는 것이 보였다. 보석까지 박힌 공작새는 굉장히 화려했고 날개를 있는 대로 펼치면서 자신을 봐주기를 바라는 마음으로 뽐내며 주위를 빙 둘러보고 있었다. 가만히 들여다보니 사치의 영 또한 극치를 부리고 있는 모습이었다. 우리가 이 교만의 영을 예수의 이름으로 쫓아내자 보석이 떨어져나가는 것이 보였다. 조금은 우스운 광경이었다. 또 악한 영을 불러내자 날개가 떨어져나가고 몸통이 찢기는 것이 보였다. 자세히 살펴보니 무당의 영과 관련된 교만의 영과 사치의 영이었다. 영안이 열려 사역한 지난 몇 년 동안 이런 모습은 처음 보았다.

전도사님은 속에 있는 것을 다 토해내듯 눈물과 콧물을 쏟고 가슴을 치면서 자신의 죄를 인정하며 회개했다. 전도사님의 진심 어린 모습을 보니 나의 마음도 뭉클했다. 부유한 사모님이었던 전도사님은 어디를 가나 인정받고 대접받는 것을 좋아하고 다른 사람들을 무시했던 자신의 교만을 회개했다. 가장 변하기 어려운 것이 사람인데 회개함으로 변화되기 시작한 것이다. 주님의 은혜는 놀랍다.

전도사님의 머리에 있는 영들을 사역한 뒤 가슴에 있는 영들을 불러냈다. 쓰레기더미가 무너져 내리는 환상과 함께 오물통 같은 곳 안에 세상에서 먹고 마시던 유흥, 쾌락과 관련된 더러운 영들이 산더미처럼 쌓여 있는 것이 보였다. 이 영들 또한 사치로 온몸을 두르고 있었다. 이 악한 영들을 불러내자 마치 배설물같이 더러운 물들이 쏟아져 나오기 시작했다.

사도 바울은 그리스도를 얻기 위하여 온갖 보물을 배설물같이 버렸는데 그 반대로 살아가는 우리의 모습이 주님을 얼마나 슬프게 하는 일인지를 제대로 보게 되었다. 화려했던 과거를 청산하고 주님께 돌아와 신앙생활을 하고 있지만 철저한 회개가 부족했던 것이었다. 가슴에 있는 악한 영들은 몰래 성을 쌓고 화려했던 세상을 그리워하며 예전으로 돌아가게 하려고 기회를 엿보고 있었다.

성령님이 전도사님에게 통회하는 은혜를 주시자 그 중심이 변하는 놀라운 역사가 일어났다. 사역을 마치고 나서 전도사님은 눈물을 글썽이며 '주님께 죄송하다'고 하면서 어찌할 바를 몰라 했다. 그렇게 콧대가 높았던 사람이 주님 앞에 엎어진 것이다. 나는 용기를 북돋우며 다시 한 번 주님의 손을 잡고 생명 길, 좁은 길만을 걸어야 한다고 말하자 전도사님은 흔쾌히 받아들이면서 겸손해질 수 있도록 도와달라고 했다. 나는 오직 주님의 보혈의 공로를 의지한 회개를 통해 날마다 자신을 깨끗하게 하는 길밖에는 없다고 대답했다. 그러자 그분은 겸손히 그 길을 걸어가겠다고 했다.

"주를 향하여 이 소망을 가진 자마다 그의 깨끗하심과 같이 자기를 깨끗하게 하느니라"(요일 3:3)

두 번째 사역을 하는 날, 센터로 들어오는 전도사님은 완전히 다른 모습이었다. 선글라스와 명품 가방과 좋은 옷으로 치장한 화려했던 모습이 아닌 수수한 모습으로 얼굴에 미소를 띤 채 들어오는 것이 아닌가. 전도사님의 마음의 중심이 바뀐 것이 스타일의 변화로 드러난 것이다. 나는 반갑게 전도사님을 맞이한 뒤 이야기를 들어보니 회개 사역을 받은 후 전도사님은 무거운 외투를 벗은 것 같다고 하면서 자유해졌다고 고백했다.

사람마다 가지고 있는 다양한 패션 스타일이 나쁜 것은 아니지만 죄성과 연결되어 있을 경우 분별하는 것이 필요하다. 전도사님의 화려한 옷차림 뒤에는 자신을 드러내고 싶어 하면서도 자신의 상처를 감추고 싶어 하는 부분이 있었다. 그 죄성과 상처가 해결되기 시작하자 화려해야만 하는 자신의 가면을 버릴 수 있었던 것이다. 겉모습보다 중요한 것은 중심이지만 중심은 겉모습에서 나타난다.

사역이 시작되자 전도사님은 얼굴이 상기되면서 회개하기 시작했다. 그러자 이번에는 창자같이 물컹물컹한 세력들이 얼굴과 입, 심장에서 계속 올라왔다. 예수의 이름으로 불러내는 곳마다 빠져나가는 모습들이 더러운 오물처럼 쏟아져 나가는 것으로 보였다. 머리에서는 철사와 같이 생긴 교만의 영들이 풀어져 나갔다. 심장에 있는 영들도 풀어져 나갔는데 불안해 보였던 얼굴은 점점 평안하게 바뀌었다.

전도사님이 결단을 하고 한 가지 한 가지 내려놓으면서 회개하니 주님을 바라보는 삶으로 변화될 수밖에 없었고, 영적으로 점점 아름다운 의복이 입혀지게 되었다. 아름다운 세마포 옷이 준비되었고, 주님은 전도사님에게 그 옷을 입혀주셨다.

사역이 진행되면 될수록 전도사님은 중심에서부터 바뀌기 시작했다. 무엇보다 먼저 전도사님은 자기 자신에 대해 자유함을 얻었다. 얼굴에서 풍겼던 교만함과 과시 욕구는 점차 사라지고 도리어 겸손함과 평온함이 풍겼다. 이런 변화는 주변 사람들이 알아차릴 정도였다. 가장 먼저 알아본 사람은 가족이었다. 가족끼리 부딪치는 경우가 생길 때 전도사님은 그

것이 악한 영의 역사인 것을 알고 편안히 대처했는데 이를 본 가족은 아내가, 어머니가 아름답게 변했다며 놀라워했다. 그리고 가족 모두가 우리 사역을 신뢰하기 시작했다. 만나는 지인들에게서도 전과 다르게 편한 사람으로 바뀌었다는 말을 듣게 되었다.

"오직 성령의 열매는 사랑과 희락과 화평과 오래 참음과 자비와 양선과 충성과 온유와 절제니 이같은 것을 금지할 법이 없느니라 그리스도 예수의 사람들은 육체와 함께 그 정욕과 탐심을 십자가에 못 박았느니라"(갈 5:22-24).

전도사님은 그 후에도 회개를 놓지 않았고 주님은 그 모습을 기뻐하셨다. 주님은 전도사님이 원장으로 섬기던 기도원에 회개 사역을 열어주셨는데 전도사님이 그 사역을 감당하게 되었다. 전도사님은 꿈을 통해 환상을 열어갔고, 주님은 자신의 뜻을 보여주시며 전도사님과 그 사역을 직접 이끄셨다. 신기하게도 사람들이 찾아왔고, 기도원에서 예배드리며 사역할 때 악한 영들이 표출되었다. 전도사님은 축사 사역자로 세워진 것이다. 이보다 더 영광스러운 일이 어디 있겠는가. 또한 전도사님은 그 가정의 축복의 통로가 되어 자녀들과 남편도 함께 회개에 동참했고 축복의 가정으로 변화되었다. 당연히 남편과의 관계도 좋아졌으며 자녀들에게는 형통한 길들이 열렸다.

이 땅에서 살아가는 사람들에게 의복은 꼭 필요한 것이다. 그러나 무엇보다 중요한 것은 영적으로 어떤 옷을 입었느냐다. 우리에게 중요한 것은 사람의 판단보다 주님의 판단이다. 회개에 힘쓰면 더욱 깨끗해지기 때문에 영적으로 아름답고 능력 있는 의복을 입을 수 있다. 우리의 중심과 행실이 변화되고 거룩해지면 주님이 우리 속사람에게 아름다운 옷을 입혀주신다. 신랑 되신 우리 주님을 맞을 준비를 하기 위하여 회개함으로 아름다운 예복을 준비하길 바란다.

3. 영적 문둥병

    C 목사님 부부는 목회 초기부터 알고 지낸 지인으로 가까운 목회자 모임이 있을 때마다 만나는 분들이다. 목사님 부부는 영적인 것을 사모하며 가까운 기도원이나 혹은 부흥회가 있을 때마다 가끔 만나 은혜를 나누기도 했다. 그런데 언제부터인가 얼굴 보기가 뜸해지더니 거의 만나지 못하다가 시간이 꽤 흐른 뒤 어느 날 갑자기 우리 센터로 전화가 왔다. 오랜만에 연락이 닿은 반가운 마음도 잠시 그동안 얼굴을 볼 수 없었던 이유를 말씀하시며 사역을 요청하셨다. 나는 바로 약속을 잡고 상담에 들어갔다.

    센터에 들어오시는 목사님 내외분을 오랜만에 만난 순간 나는 무엇보다 사모님의 얼굴이 몹시 수척해 있어 놀라지 않을 수 없었다. 사모님은 매우 불안해 보였고 정신이 혼란스러워 보였다. 원인은 바로 사모님의 우울증 때문이었다. 사모님은 식사조차 하지 못하고 심한 불면증으로 큰 고통을 당하고 있었다. 또한 많이 눌려 있었기 때문에 말조차 제대로 하지 못하는 위중한 상태였다. 목사님은 사모님의 우울증 문제를 해결하기 위해 여기저기 다녔지만 효과가 없었다. 심지어는 정신 병원에 찾아가 상담도 받고 약도 복용했지만 건강 상태는 더 나빠져 영양 공급을 위해 병원에 입원까지 했다. 그뿐만 아니라 여기저기 기도원을 찾아다니며 주님께 치유받기 위해 기도도 받아보았지만 별다른 차도가 없었다.

이런 상황들을 듣고 나니 내 마음도 편치 않았다. 그러나 이곳까지 이끄신 하나님의 섭리와 은혜를 믿기에 말씀으로 안정을 시켜드린 뒤 영적 진단에 들어갔다. 사랑이 많으신 주님은 목사님 내외의 무너진 상황을 너무 잘 아셨고 한마디 말씀을 해주셨다. "걱정하지 마라. 치료자 되시는 주님이 치료하여주실 것이다. 염려하지 말지니라."

주님이 주신 격려는 참으로 따뜻했다. 사모님의 영들을 자세히 살펴보니 우상숭배의 영이 많은 편이었고, 특히 심장에 우울과 관련된 영이 매우 많았다. 그 우울의 영들은 강압적인 목사님과 관련되어 들어온 것이 많았다.

목사님이 부교역자로 섬기실 때까지만 해도 사모님은 정상적인 생활이 가능했다. 그러나 개척하고 나서부터 심각한 영적 고갈과 함께 우울증이 찾아오면서 그 증상이 심각해졌고, 갱년기까지 겹치자 지금 상태에까지 이르게 된 것이다. 사모님은 집안 살림조차 할 수 없어 아예 손을 놓고 있는 상태여서 목사님이 목회와 더불어 집안 살림까지 맡을 수밖에 없었기에 목사님 또한 탈진 직전이었다.

목사님은 지푸라기라도 잡고 싶은 심정으로 우리 얼굴을 한참 쳐다보았다. "목사님, 어떻게 좀 할 수 없나요?" 목사님은 덩치가 있는 분인데도 이 상황에서 몸을 떨었다. 참으로 안쓰러운 광경이었다. 우리는 진단된 내용을 설명하고 짧은 사역을 했다. 상태가 많이 좋지 않았기 때문에

3일에 한 번씩 사역을 받기로 약속했다.

　첫 번째 사역이 시작되었고 우리는 사모님에게 회개하게 한 뒤 악한 영을 불러냈다. 심장에는 우울의 영, 근심 걱정의 영, 스트레스의 영이 한 곳에 집중적으로 박혀 있었고, 다리에도 영이 많은 편이었다. 우리는 예수 이름으로 악한 영들을 쫓아냈는데 사모님에게 있던 악한 영들이 반응을 보이기 시작했다. 사모님의 온몸이 정신없이 흔들리기 시작했고, 가슴을 움켜잡으며 고통스러워했다. 사모님도 당황한 기색이 있었으나 멈추지 않고 계속하여 회개에 집중했다.

　우리도 긴장의 끈을 놓지 않고 최선을 다해 사역했다. 그러자 이번에는 다리가 번쩍번쩍 들리는 것이 아닌가. 사모님의 다리는 처음에는 느리게 움직이다가 점점 빠르게 움직였다. 영들을 불러내니 그렇지 않아도 강한 영들이 온몸에 강하게 밀착되어 있다가 반응하면서 온몸 또한 같이 움직이게 된 것이다. 우리가 이 악한 영들을 더 강하게 꾸짖자 다리에서 검은 철사 같은 영들이 수십 가닥 빠져나갔다.

　우리는 악한 영들이 얼마나 많이 우리 몸에 기생할 수 있는지 다시 한 번 확인할 수 있었다. 그렇기에 사역자는 영적으로 더욱 경각심이 생길 수밖에 없다. 죄를 짓지 않는 것이 최우선이요 만약 죄를 지었다면 빨리 회개하는 것이 급선무다. 영적 세계는 실제다.

　1차 사역을 마치고 나자 사모님은 좀 안정을 찾으셨는지 몇 마디 말을 하실 수 있었다. 나는 사역하면서 나타난 영적 상황에 대해 악한 영들이 나가는 좋은 현상이라고 설명했다. 그리고 악한 영들이 많이 나갔기 때문에 음식을 드실 것을 권했다. 악한 영들이 많이 나가면 기진맥진해지고 매우 허기지기 때문에 음식을 든든하게 먹을 필요가 있다. 물론 영적인 상태에 따라 사역 전에 금식으로 준비가 필요한 경우도 있지만, 사역한 후에는 든든히 음식을 먹고 힘을 내서 회개하는 것이 좋다. 사모님은 눈물을 글썽이며 고개를 끄덕이셨다. 사모님은 전체적으로 육체 기능이 너무 저하되어 있었기 때문에 남편 목사님의 도움이 많이 필요했다. 주님의 은혜로 그렇게 1차 사역이 마무리되었다.

  3일 후 2차 사역이 시작되었다. 그런데 이상한 점은 이 모든 과정을 지켜보고 있고 영적인 현상을 인정한다는 남편 목사님은 회개에 전혀 동참하지 않는 것이었다. 사역 또한 당연히 받지 않았다. 문제는 사모님에게만 있다고 생각했고, 부부간의 연결된 영적 흐름조차 전혀 모르는 상태였다. 무엇보다 자신의 체면에 대해 굉장히 신경을 쓰는 편이었다. 물론 목사님은 나보다도 일찍 목회를 시작하셨고, 규모가 있는 교회에서 부교역자로 섬기다가 이제 막 개척한 지 몇 년 되지 않은 상황에서 후배 목회자 앞에 누워서 회개하며 사역을 받는 것이 체면상 허락되지 않는 것 같았다.

  사실 영적으로나 현실에서나 가장 큰 문제는 목사님이었다. 목사님에게는 교만의 영과 혈기분노의 영이 머리와 뒷목에 많이 감겨 있었는데, 이 영들의 힘이 강한 편이어서 사모님은 항상 위축될 수밖에 없었던 것이었다.

우리가 주님께 큰 은혜를 받기 위해서는 자신이 주님의 은혜가 절실히 필요한 연약한 자임을 깨달아야 한다. 어떤 직분과 지위에 있든지 우리는 하나님 앞으로 어린아이와 같이 사모함으로 달려 나가야 한다. 주님은 죄인을 구하러 오신 것이지 의인을 구하러 오신 것이 아니다.

"예수께서 들으시고 이르시되 건강한 자에게는 의사가 쓸 데 없고 병든 자에게라야 쓸 데 있느니라 너희는 가서 내가 긍휼을 원하고 제사를 원하지 아니하노라 하신 뜻이 무엇인지 배우라 나는 의인을 부르러 온 것이 아니요 죄인을 부르러 왔노라 하시니라"(마 9:12-13).

당연한 이야기지만 주님께 고침을 받은 자들은 실제로 자신이 병든 것을 잘 알고 있었다. 눈 먼 자는 보지 못하는 자신의 상태를 알았기 때문에 고침을 받기 원했고, 절름발이는 걷지 못하는 자신의 상태를 알았기 때문에 다리를 고침 받고 걷기를 원했다. 그러나 반대로 영혼이 병들어 회칠한 무덤 같았던 바리새인과 서기관들은 자신들의 문제와 질병이 무엇인지 몰랐고 무엇을 고침 받아야 하는지 몰랐기 때문에 결국 고침 받지 못했다. 하나님에 대한 바른 지식이 없으므로 하나님이신 예수님의 말씀을 욕과 같이 여겼다.

"내가 누구에게 말하며 누구에게 경책하여 듣게 할꼬 보라 그 귀가 할례를 받지 못하였으므로 듣지 못하는도다 보라 여호와의 말씀을 그들이 자신들에게 욕으로 여기고 이를 즐겨 하지 아니하니"(렘 6:10).

그들은 오히려 자만심에 사로잡혀 다른 이들을 정죄하기 바빴고, 결국 이 무지함과 시기질투 때문에 예수 그리스도를 핍박하고 죽이기까지 했다. 그리고 그 저주를 그들 자손에게 돌렸다. 어떤 육체적 질병보다 무서운 것이 바로 영적인 질병이다. 토마스 아 켐피스는 지식이 많아 교만한 것보다 지식이 조금 부족하더라도 겸손한 것이 낫다고 말했다. 모든 인류 가운데 주님의 은혜와 도움을 거부할 수 있는 자가 누가 있겠는가. 이 세상에서 가장 무서운 질병은 주님이 없어도 평안한 삶을 살 수 있다고 생각하는 것이다.

나는 목사님께 몇 차례 회개하고 사역받을 것을 권했으나 목사님은 끝까지 괜찮다며 회개하지 않았다. 나는 어쩔 수 없이 최선을 다해 사모님만 사역했다. 심장에 있는 우울의 영과 근심걱정의 영은 폐와 위까지 악영향을 주고 있었는데, 예수 이름으로 악한 영을 불러내자 이번에도 사모님의 온몸이 흔들리고 팔과 다리가 제멋대로 움직이면서 요동을 쳤다. 시간이 좀 지나자 엄지손가락 정도 굵기의 무당의 영이 검은 실타래가 풀어지듯 풀어져 나왔다.

그렇게 1시간 정도 사역을 받고 나서 사모님은 간증을 하셨다. 지난번 사역을 받고 회복되어 손수 죽을 쑤어 먹고 오셨다는 것이다. 너무나도 기쁜 일이었다. 사모님은 감사의 표시로 식사 초대를 하셨다. 나는 극구 사양했지만 목사님도 함께 권하셔서 사역을 마치고 나는 아내와 함께 사택을 방문했다.

식사를 마친 뒤, 사모님은 기도 장소에 대한 고민을 털어놓으셨다. 나는 우선 고민을 털어놓을 정도로 우울증 증세가 호전된 것에 대해 하나님께 감사했다. 사모님의 고민은 기도를 하고 싶어도 마땅한 장소가 없다는 것이었다. 개척한 교회가 있는데 무슨 소리인가 했더니 사모님은 목사님과 같은 공간에서 기도하는 것 자체를 부담스럽게 여기셨다. 목사님의 머리와 뒷목 쪽에 자리 잡은 교만의 영과 혈기분노의 영은 목사님을 더욱더 권위적이고 강압적으로 만들었고, 자신과 사모님 모두 영적인 자유함이 없었다. 이에 나는 두 분께 서로에 대한 이해를 도우며 합심 기도의 능력에 대해 말씀드리고 함께 기도하시기를 권했다. 감사하게도 두 분 모두 그렇게 하겠다고 하셨다. 이 얼마나 놀라운 변화인가. 나는 이 두 분에게 주님의 은혜가 계속되기를 소망했다.

사모님은 3, 4차까지 사역할 때마다 팔과 다리가 격렬하게 움직였다. 그만큼 온몸에서 악한 영이 많이 표출되어 나갔다. 이렇게 많은 영이 나가니 전에는 말도 못 하시고 음식조차 잘 드시지 못했던 사모님은 이제는 말씀도 잘하시고 음식도 잘 드시게 되었다. 악한 영이 얼마나 영과 혼, 육을 잡고 망치고 있었는지 이 영들이 나가니 정상으로 돌아오게 된 것이다. 주님이 베푸신 기적의 은혜는 매번 놀라웠고, 이번에도 역시 큰 감사와 찬양을 올려드릴 뿐이었다.

그러나 악한 영의 방해는 강했고 사역은 갑자기 중단되었다. 물질 문제로 인하여 목사님이 사역 받기를 중단하셨다. 이렇게 큰 은혜를 경험하고 있음에도 불구하고 목사님은 작은 물질도 드리기 아까워하셨다. 주님께 더 나아왔다면 놀라운 은혜를 더 많이 체험할 수 있었을 텐데 하는 아쉬움이 컸다.

나는 사역자로서 물질 문제에 대해 자유롭기를 권한다. 물론 물질 문제는 쉽지 않다. 물질이 곧 자신의 중심이자 목숨과 같기 때문이다. 확실한 것은 주님은 목숨과 같은 물질을 드리는 것을 자신의 가장 귀한 것을 드리는 믿음의 행위로 보시기 때문에 기쁨으로 받으신다. 반대로 마음이 없는 물질은 받지 않으시는 경우도 있다.

내 경험으로는 하나님께 물질을 드리는 것을 기뻐하고 그 일에 철저한 사람에게는 주님이 베푸시는 기적이 항상 일어났다. 헌금 중에서 회개 예물은 사역할 때 매우 중요한데 주님이 원하시는 회개 예물은 각자의 상황에 맞게 말씀하시며 놀랍게 채워주신다. 회개하는 가운데 주님이 채워주심을 기다리면 된다.

"예수께서 이르시되 삼가 아무에게도 이르지 말고 다만 가서 제사장에게 네 몸을 보이고 모세가 명한 예물을 드려 그들에게 입증하라 하시니라"(마 8:4).

이는 나 자신의 경우도 그랬고, 많은 사역을 통해 경험한 것이기 때문에 확신할 수 있다. 또한 자발적으로 드리는 헌금은 형편에 맞게 하나님께 드리는 감사와 사랑의 표현이다. 중요한 것은 하나님께 드리기를 기뻐하는 자를 주님도 기뻐하시고 더 큰 물질로 축복하신다는 것이다. 주님께 드리기를 기뻐하자.

사실 사모님의 사역이 중단된 것은 단순한 물질 문제라기보다 목사님 안에 있는 영이 문제가 해결되는 것을 방해했기 때문이다. 그리고 약 6개월 후, 목사님이 뇌출혈로 쓰러지셨다는 안타까운 소식이 들렸다. 머리 쪽에 영이 많았는데 그것이 건강에 문제를 일으킨 것이다. 수술을 하고 나서 회복이 되었다고는 했지만 목사님이 모든 것을 내려놓고 주님께 나아왔더라면 이런 일이 일어나지 않았을 수도 있다. 육체의 질병보다 심각하고 무서운 것이 영적인 질병이다.

구약에서는 특히 문둥병을 죄로 인한 하나님의 저주로 취급했다. 이 문둥병의 특징 중 하나가 신체 부위가 떨어져 나가도 아무런 느낌이 없다는 것인데 영적인 질병이 마치 이 문둥병과 같다. 영혼이 문둥병이 들면 다른 부위들이 다 떨어져 나가도 모른다. 자신의 아픔과 진짜 문제가 무엇인지 알지 못한다. 지독한 영적 질병에 걸려 있으면서도 자기는 괜찮다고 생각하며 주님 앞에 나아가지 않는 것은 아닌지 우리 스스로 점검해보아야 한다. 또한 이런 질병에 걸리지 않도록 늘 깨어 있어야 한다.

　이 영적 질병을 예방하고 치료하기 위해서 우리는 날마다 말씀 앞에 나아가 회개에 힘써야 한다. 하나님의 말씀은 단순한 지식이 아니라 자신을 비추어보는 영혼의 거울이다. 우리는 말씀을 통해 주님이 나에게 원하시는 것이 무엇인지 알 수 있고 깊은 회개에 들어갈 수 있다. 회개에 힘쓰지 않으면 어느새인가 자신도 모르는 사이에 바리새인과 서기관처럼 될 수 있다. 그렇기에 나는 지금도 주님 앞에 회개하며 앞으로도 회개에 힘쓸 것이다. 회개만이 가장 안전한 길이요 유일한 살길이다.

4. 천국을 소망하다

"우리의 연수가 칠십이요 강건하면 팔십이라도 그 연수의 자랑은 수고와 슬픔뿐이요 신속히 가니 우리가 날아가나이다"(시 90:10).

올해 80세이신 E 집사님은 신앙 연수가 27년째에 접어드는 늦깎이 신자다. 연세에 비해 정정하신 집사님은 지금까지도 직접 소규모 농사를 지으실 정도로 생활력이 정말 강한 분이다. 그러나 인생의 막바지에 이른 지금까지 진정한 은혜를 경험한 적이 없으시다. 집사님은 가끔 이런 말을 하신다. "천국이나 지옥도 죽어봐야 알지."

천국에 대한 확신이 없으니 집사님의 신앙생활에는 열성과 기쁨이 없다. 그러다 자녀들이 먼저 회개의 중요성을 깨닫고 열심을 냈고 그 후 어머니가 회개할 수 있도록 센터로 모셔왔다. 영적으로 매우 좋지 않은 환경이었지만 주님의 은혜가 있었다.

나는 먼저 집사님께 우상숭배의 죄와 회개에 대하여 이해하기 쉽게 설명을 드렸다. 집사님은 회개하겠다고 흔쾌히 답을 하셨다. 늦은 연세에 시작하는 회개를 통해 하나님이 어떤 은혜를 주실지 기대되었다. 집사님을 진단한 결과 미신 성향이 비교적 높은 편이었고 전체적으로 길이가 길고 색이 진한 영이 많았다. 사실 집사님은 53년간 우상숭배에 매우 힘썼던 분이다.

나는 지금까지 사역을 하면서 사람이 나이를 먹을수록 그 안에 있는 영들의 길이가 길고, 색상이 진하며, 점도가 높아 잘 떨어지지 않는다는 것을 알았다. 악한 영들은 길이가 긴만큼 더욱 깊숙이 밀착하여 몸에 박히거나 감겨 고통을 준다. 사람에게서 나갈 때도 풀어지는 데 시간이 오래 걸려 사역에 곤욕을 치른다.

그러므로 깊은 회개는 빠를수록 좋고 더 효과적이다. 아이들이 죄를 지으면 얼마나 짓겠는가. 반면에 인생이 저물어가는 나이라면 수많은 세월 동안 쌓이고 쌓인 죄가 어마어마할 것이다. 영적으로 보아도 되도록 어릴 때부터 죄를 짓지 않고 회개하며 거룩한 생활을 하는 것은 매우 유익하다.

그래서 나이가 많을수록 회개에 힘쓰기가 더더욱 어려운데 집사님 같은 경우 하나님이 노년기에 은혜를 맛볼 수 있는 기회를 주신 것이다. 집사님의 인생에서 가장 최고의 길을 택할 수 있는 기회가 온 것이다. 나는 회개를 돕기 위해 비교적 크게 적은 간단한 회개 기도문을 드렸고, 집사님은 새벽마다 일어나 회개 기도문을 읽으며 살아온 죄를 회개하고 나름대로 최선을 다하셨다.

처음에는 일주일에 한 번 센터에 와서 사역을 받는 것도 무척 힘들어하셨다. 연세도 연세였지만 워낙 영들의 방해도 많았고, 지난 세월 동안 기도 생활을 했던 분이 아니었기에 영적 생활에 적응하는 시간이 필요했다. 그러나 날이 갈수록 회개의 불이 붙어 더욱 열심을 내셨다. 또한 주님 앞에 깨끗하게 준비되는 것이 얼마나 중요한지 말씀드리자 그대로 순수하게 받아들이고 변화되려고 노력하셨다. 나는 이렇게 연세가 많은 분에게서 이런 모습을 보는 것은 처음이라 매우 놀랐다. 사람이 변하는 것은 정말 쉽지 않으며 나이가 많을수록 더욱 어렵다. 그러나 하나님의 능력은 인간의 나이라는 조건을 초월한다는 것을 새삼 깨닫게 되었다.

그러던 어느 날 다급한 전화가 걸려왔다. 시골에 살고 계신 이 집사님의 가슴에 무엇인가 매달려 있어 큰일이 났다는 것이었다. 집사님은 자기 몸에 있는 악한 영의 존재를 영적으로 느낀 것이다. 80대라고 해도 하루에 3시간씩 회개를 하니 죽었던 영적 감각이 살아난 것이다. 내가 살펴보니 가슴에 제사의 영과 무당의 영, 부처의 영이 완전히 떠나가지 않고 대롱대롱 매달려 있었다. 집사님은 움직이기 어렵다고 하시면서 우리에게 시골까지 와달라고 부탁하셨다. 처음으로 이런 낯선 일에 부딪힌 집사님은 크게 걱정하고 두려워했다.

우리 부부는 집사님을 방문하기 위해 차를 몰아 시골로 달려갔다. 우리는 도착하자마자 사역을 시작했는데 우상숭배의 영이 집사님의 머리 전체를 미역처럼 덮고 있었고, 집사님은 무언가 갑갑해하고 힘들어했다. 우리가 머리에 있는 영들을 불러내자 정수리에서 촛불 형태로 제사의 영이 올라와 나갔다. 가슴에는 우상에게 바쳤던 음식을 먹을 때 들어온 영들로 꽉 차 있어서 집사님은 숨 쉬는 것조차 힘들어했다.

우리는 이 영들을 불러냈는데, 집사님은 가슴을 두드리며 숨이 찬 듯 얼굴색이 점점 파리해졌다. 우리는 집사님께 좀 더 힘을 내어 회개하시라고 하며 악한 영을 불러냈다. 그러자 곧 미역줄기 같은 영들이 새까맣게 빠져나가기 시작했다. 가슴과 온 몸에 표출된 영들을 쫓아내자 집사님은 다시 평안을 되찾았다. 우리도 그제야 한숨을 돌릴 수 있었다.

앞에서 말했던 것처럼 깊은 회개를 하게 되면 영이 표출되는데 사람마다 각자의 상태에 따라 몸이 무겁거나 몸살 기운이 있기도 하고, 특정 부위에 통증을 느끼기도 한다. 이런 현상이 나타났다고 두려워할 필요는 없다. 이때 예수 이름으로 악한 영을 대적하거나 집사님처럼 영적 사역자의 도움을 받으면 빠르게 회복된다.

사역은 계속 이어졌고 악한 영은 많이 표출되어 나갔다. 그렇게 첫 단계 사역을 한 달 정도 진행하여 다 마치고, 이어서 쓴 뿌리 사역에 들어가기로 했다. 주님이 가르쳐주시는 대로 쓴 뿌리를 진단한 뒤 회개 시간을 갖고 본격적으로 쓴 뿌리 사역에 들어갔다.

집사님은 쓴 뿌리 회개를 하던 중 이런 간증을 했다. 열심히 회개를 하던 중 환상이 보이는데 돌아가신 형님으로 보이는 귀신이 사촌들을 선동하여 4대 조상들의 묘비를 세우고 묘지를 가꾸는 것이 보였다는 것이다. 이 환상은 꿈으로도 두 번이나 보였다. 회개하는 가운데 시가에 강하게 내려왔던 제사의 영들을 주님이 직접 보여주신 것이었다. 돌아가신 형님으로 보이는 귀신은 실제로 형님의 영혼이 아니라 그에게 역사했던 영들이 같은 형상으로 꾸미고 온 것이다. 사람은 죽으면 그 영혼은 바로 천국이나 지옥으로 간다. 이 땅에 머문다든지 돌아다닌다고 말하는 것은 잘못된 것이다. 그러므로 영안이 열려 죽은 사람들이 보이는 것은 실제로 그 영혼이 오는 것이 아니기 때문에 거짓에 속지 말아야 한다. 사탄은 거짓의 아비이므로 우리는 깨어 분별해야 한다.

어쨌든 그 가정에 역사하는 영들의 정체와 상황을 보게 된 집사님은 영적 세계가 실제라는 것을 체험한 뒤 더욱 회개에 정진했다. 그리고 나는 집사님에게 절대로 묘지 관리나 그와 관련된 부분에 관여하지 말라고 당부를 드렸다. 감사하게도 집사님은 그대로 순종하여 더 큰 어려움을 막을 수 있었다.

이처럼 영안이 열리는 것은 특별한 사람에게만 주어지는 복이 아니다. 남녀노소 관계없이 깊이 회개하면 영안이 열린다. 회개에 힘쓴 80세 할머니 집사님도 이처럼 영안이 열리지 않았는가. 영안이 열리는 수준은 다르지만 회개하여 깨끗해질수록 영적 감각이 되살아나고 영안도 더 깊이 열린다. 주님은 당신의 모든 자녀가 영안이 열려 영적인 세계를 제대로 알기 원하신다. 우리도 많은 사람이 영안이 열릴 수 있도록 도와드리고 있다.

집사님은 회개 기간을 마치고 쓴 뿌리 사역을 받았다. 사역을 시작하면서 보니 머리와 가슴 부분에 악한 영의 뿌리가 가득 차 있는 것이 보였다. 뿌리가 얼마나 깊은지 그냥 두었다면 큰 질병에 걸릴 수 있었다. 중요한 것은 이 악한 영의 영향력이 자신뿐만 아니라 자녀들에게도 미친다는 것이다. 우리는 머리에 있는 우상숭배의 영들을 불러냈고, 우리를 돕는 천사들은 머리에 있는 영들을 잡아당기며 뽑아내었다. 이때 집사님은 머리가 다 뽑히는 것 같다고 하셨다. 집사님이 영적인 것을 그대로 느끼는 것이 나는 참으로 신기했다. 계속되는 사역에도 연세와 관계없이 집사님은 끝까지 회개를 놓지 않았다.

특히 가슴에 큰 무당의 영이 자리 잡은 것이 보여 알아보니 시어머니가 대 무당이었다는 것이었다. 며느리인 집사님은 시어머니 무당을 가까이에서 섬겼다. 집안에 무당이 있었으니 그 집안은 그야말로 풍비박산이 날 수밖에 없었다. 그토록 많던 재산이 친족의 도박으로 한순간에 다 날아가고, 남편과 그 형제 대부분은 요절했다. 집사님은 오랜 세월을 고통 가운데 보냈다.

우리가 계속해서 악한 영들을 불러내자 척추에서 말라 죽은 풀 같은 영들이 잘려 나갔다. 가슴과 배, 머리에서는 오래된 말라 죽은 나무가 잘리는 것 같은 모습으로 떨어져 나갔다.

다행인 것은 이처럼 좋지 않은 가문의 환경에서 자녀들의 회개와 집사님 본인의 회개가 시너지 효과를 내어 늦은 나이에 회개하시는 것임에도 영들이 비교적 빠르게 풀려나간 것이다. 혼자 회개하는 것보다 가족이 함께 회개하는 것이 효과가 더 크다는 것을 이미 앞에서 언급했다. 회개하는 가족이 많을수록 좋으며, 가능하면 많은 가족과 친척이 회개할 수 있도록 격려하자.

　사역을 마치자 주님이 집사님에게 평안함의 은혜를 부어주셨다. 집사님의 혈색이 좋아졌을 뿐만 아니라 실제로 몸도 가벼워졌음을 느끼셨다. 집사님은 이후에도 회개의 끈을 놓지 않으셨고, 마음이 열려 천국을 사모하기 시작하셨다.

　나중에 알게 된 놀라운 사실은 정기적으로 사역을 받는 과정에서 대장암이 치유된 것이었다. 주님께 큰 영광을 돌린다! 집사님은 병원에서 암세포를 찾을 수 없다는 진단을 받았다. 지금도 살아 역사하시는 주님을 찬양한다! 회개는 참으로 강력한 영적 무기며, 치유를 위한 강력한 도구가 된다.

　무엇보다 감격스러운 것은 집사님이 지금껏 갖지 못했던 천국에 대한 소망과 사모함이 생겼다는 것이다. 더 나아가 천국을 궁금해 하고 기대하는 마음도 생겼다. 꽃을 좋아하는 집사님은 천국에 꽃이 많다는 사실을 듣고 어린아이처럼 기뻐하셨다. 성령이 심령 깊이 거하시는 사람은 천국을 소망하게 되며 구원의 확신을 저절로 갖게 된다. 그것은 억지로 하는 확신도 아니고 노력에 의한 것도 아니다. 성령의 임재를 막는 악한 영들을 회개함으로 제거하니 주님이 그 자리에 임하시고 굳어 있는 심령을 부드럽게 만지셨다. 집사님의 이름이 천국의 생명책에 확실하게 써진 것을 상상해보니 주님이 활짝 웃으시며 기뻐하시는 것 같았고, 우리 또한 그 기쁨에 참여한 것 같았다. 구원의 은혜는 오직 주님께만 있다. 천국을 소망하고 구원을 확신하는 것 또한 오직 주님만이 주실 수 있는 선물이다. 주님이 기뻐하시는 회개 가운데 우리 생명은 이슬을 머금은 잎사귀처럼 더욱 아름답게 빛나는 것이다.

나가는 글

　베데스다 센터는 지난 10년간 영적 사역을 하면서 하나님의 영광과 기적을 체험했다. 이 책을 통해 대표적인 사례를 함께 나누며 그간 우리가 맛본 감격을 되짚어보니 그때의 은혜가 고스란히 느껴졌다. 책의 내용을 다시 한 번 정리해보면 다음과 같다.

　"제Ⅰ부 치유와 회개"에서는 치유와 회개에 관한 사역으로 육체의 질병을 치유받은 질병치유, 마음의 질병이나 상처를 치유받은 심령치유, 회개 사역을 통해 풀리지 않던 환경이 열린 환경치유를 살펴보았다. 이를 통해 죄로 말미암아 역사하는 악한 영들과 질병의 상호관계 그리고 치유와 회개의 상호관계를 살펴보았다. 죄를 올바로 인식하고 회개하는 것은 병균을 소독하는 것과 비슷한 원리로 회개하는 과정에서 자연스럽게 치유가 일어나기도 하고, 주님의 치유하시는 능력이 역사하실 수 있도록 준비하게도 한다.

　"제Ⅱ부 축사와 회개"에서는 축사와 회개의 사역 가운데 실패한 사례들로 구성된 '치열한 전쟁'과 회개를 동반한 축사 사역 현장을 소개하고, 악한 영들의 정체와 축사 방법을 소개했다. 또 악한 영들이 죄를 통해 합법적인 권리를 얻어 역사하고, 죄를 회개하여 용서받을 경우 즉시 권리를 상실하고 쉽게 쫓겨나간다는 것을 살펴보았다. 교회를 다니는 것만으로 축사가 온전히 이루어지기 어려운 것은 회개가 철저히 이루어지지 않았기 때문이며, 악한 영이 역사하는 이유를 정확히 알아 회개함으로 합법적으로 얻은 권리를 박탈해야 한다. 그때 효과적인 축사 사역을 진행할 수 있다.

"제Ⅲ부 영적 성장과 회개"에서는 회개 사역을 통해 변화와 영적 성장을 이룬 사례를 소개했다. 회개를 통해 주님과의 관계가 해결될 때 가장 중요한 영적 성장의 핵심을 뚫을 수 있다. 또 깊은 회개를 통해 누구든지 영안이 열릴 수 있고, 영안이 열린 자는 능력과 생기로 충만하여 한층 더 깊이 있는 신앙생활을 할 수 있게 된다.

회개는 사역자나 내담자 모두에게 중요하다. 회개를 통해 얻을 수 있는 거룩한 유익은 매우 크고 광범위하기 때문이다. 그 중에서 여러 영적 묶임 현상의 주요 원인이 되는 우상숭배의 죄와 교만의 죄를 분명하게 인식하는 것은 회개하는 데 매우 중요하다는 것을 거듭 강조하고 싶다.

더불어 특정한 문제를 해결하기 위한 일시적인 회개가 아닌 거룩을 목표로 하는 지속적인 회개가 매우 중요하며, 끝까지 포기하지 않기를 당부하고 싶다. 만약 악한 영의 공격이나 그로 인한 상태가 심각하거나 보다 빠른 영적인 해결을 원한다면 사역자를 통해 영적 사역을 받기를 추천한다.

　지금도 하나님이 베푸시는 치유의 기적은 계속해서 일어나고 있으며, 성령님의 능력은 실제적이다. 이는 성경 속에서, 교회사 속에서 그리고 내가 실제로 삶과 많은 사역을 통해 경험한 바로 확신 있게 말할 수 있다. "내가 너를 치유하리라"로 말씀하시는 주님의 음성을 듣고 나아오라. 당신이 그 기적의 주인공이 될 것이다.

참고문헌

1. Paul Tournier, *Bible et Medecine: A Doctors Casebook in the Light of the Bile*(『성서와 의학』다산글방), p. 291.

2. Seward Hiltner, *Preface to Pastoral Theology*(『목회신학원론』대한기독교서회), pp. 117-119.

3. Micheal Green, *I Believe in Satan's Downfall*(『나는 사탄의 멸망을 믿는다』장로회신학대교 출판부)

4. Roger K. Bufford, *Counseling and the Demonic*(『귀신들림과 상담』도서출판 두란노)

5. Edward Thurneysen, *Seelsorge in Vollzug*(『목회학 실천론』한국신학연구소) p. 189.

6. 장 칼뱅, 『기독교 강요』 3권

7. 스미스 위글스워스, 『성령의 세례』(은혜출판사)

8. 찰스 크라프트, 『깊은 상처를 치유하시는 하나님』(도서출판 은성)